北京冬奥会和冬残奥会
可持续性知识读本

北京 2022 年冬奥会和冬残奥会组织委员会　编

中国少年儿童新闻出版总社
中国少年儿童出版社

图书在版编目（ＣＩＰ）数据

北京冬奥会和冬残奥会可持续性知识读本 ／ 北京2022年冬奥会和冬残奥会组织委员会编. —— 北京 ：中国少年儿童出版社，2022.1

ISBN 978-7-5148-7240-8

Ⅰ．①北… Ⅱ．①北… Ⅲ．①冬季奥运会－基本知识－北京－2022②世界残疾人运动会－冬季奥运会－基本知识－北京－2022 Ⅳ．①G811.212②G811.228

中国版本图书馆CIP数据核字(2021)第271926号

BEIJING DONGAOHUI HE DONGCANAOHUI
KECHIXUXING ZHISHI DUBEN

| 出 版 发 行： | 中国少年儿童新闻出版总社 |
| | 中国少年儿童出版社 |

出 版 人：孙 柱
执行出版人：吴峥岚

责任编辑：金银鑫	责任校对：韩冬萍
助理编辑：李 萌	责任印务：刘 澂
装帧设计：尹 丽	

社　　址：北京市朝阳区建国门外大街丙 12 号	邮政编码：100022
编 辑 部：010-57526298	总 编 室：010-57526070
发 行 部：010-57526568	官方网址：www.ccppg.cn

印刷：北京利丰雅高长城印刷有限公司

开本：787mm×1092mm 1/16	印张：10.75
版次：2022 年 1 月第 1 版	印次：2022 年 1 月北京第 1 次印刷
字数：70 千字	

| ISBN 978-7-5148-7240-8 | 定价：58.00 元 |

图书出版质量投诉电话 010-57526069，电子邮箱：cbzlts@ccppg.com.cn

《北京冬奥会和冬残奥会可持续性知识读本》
编审人员

主　　　　编：闫　成

主　　　　审：李　森　赵卫东

副　主　　编：赵伯群　王仁华　石　威　吕　钦

执　行　主　编：史根东　刘新平

执行副主编：于　飞　赵英刚　周又红

撰　　　　稿：林春腾　梁　烜　高　颖　邓文杰　蔡志洲

张志翔　李　丽　朱　艳　张　欢　陈亚波

聂顺新　李宇宸　杨　欢　夏　亮　苑文颖

杨家明　刘嘉林　任　远　蒋万杰　戴　岩

李嘉琦　张　晨

审　　　　稿：杜少中　孙　斌　王学亮　刘　鹏　冯向鹏

张　琰　刘清芝　梁德栋　刘　树　刘娜利

于志宏　张子甲　乔淑芳　裴　蓓　刘建慧

编　辑　制　作：中国少年儿童新闻出版总社有限公司

校　　　　对：北京冬奥组委信息与知识管理（IKM）团队

前　言

　　联合国《2030 年可持续发展议程》为解决当今世界面临的严峻挑战提供了一个共同的方案，其中也明确了体育是促进可持续发展的重要推动力。国际奥委会将"可持续性"作为重要的改革内容，在《奥林匹克 2020 议程》中提出将"可持续性"理念引入奥运会的方方面面，引入奥林匹克运动日常项目中；在《奥林匹克2020+5 议程》中强调："加强体育对实现联合国可持续发展目标的重要推动作用"；在《国际奥委会可持续性战略》中明确了可持续性方面的主题、目标和措施，对奥运会的举办和奥林匹克运动的发展提出了具体的可持续性要求，旨在通过奥运会的筹办和举办，鼓励不同的主办城市进行更多的可持续性管理和实践。

　　2015 年 7 月 31 日，在国际奥委会第 128 次全会上，国际奥委会主席巴赫宣布：中国北京获得 2022 年第 24 届冬季奥林匹克运动会举办权。北京成为全世界第一个既举办过夏奥会又举办冬奥会的城市。

　　北京 2022 年冬奥会和冬残奥会（以下简称"北京冬奥会"）是中国重要历史节点的重大标志性活动，也是《奥林匹克 2020 议程》颁布后第一届从筹办到举办全过程践行该议程和可持续性要求的奥运会。

本书通过解读北京冬奥会在筹办、举办过程中可持续性工作内容和成果，促进社会公众，尤其是青少年对可持续性理念的认识。全书分为七个部分，包括奥林匹克运动与可持续发展、北京冬奥会场馆的可持续性、北京冬奥会赛区生物多样性保护、北京冬奥会的冰雪与水资源、北京冬奥会低碳行动、首钢园区的华丽变身、走向可持续性未来等方面。在有些章节的结尾处设置了一些思考问题，供有兴趣的读者加深理解之用。

奥林匹克运动

奥林匹克运动的宗旨是：通过没有任何歧视，具有奥林匹克精神的体育活动来教育青年，从而为建立一个和平的、更美好的世界做出贡献。它的基本含义是：试图构架起沟通各国人民的桥梁，增进不同民族不同文化背景的人们互相了解，促进世界和平，减少战争威胁；试图通过富有人文精神的体育运动在世界各国的青年之间建立友谊的纽带。

奥林匹克运动不仅要求参与者致力于个人的完善，还要求个人承担起更大的社会责任和历史使命，不仅将体育运动的作用提高到促进人的全面发展，而且视其为改造社会的积极力量，应用于世界的和平前途，这是奥林匹克运动创始人顾拜旦伟大的思想创见。

——《奥林匹克宣言》

目　录

第一章 相辅相成:
奥林匹克运动与可持续发展

　　奥运会作为世界上规模最大的综合性运动会，响应联合国提出的可持续发展目标，将可持续性融入奥运会，以推动社会、经济和环境的可持续发展。

　　北京冬奥会是第一次把可持续性管理全面融入筹办全过程和所有业务领域中的奥运会。为了落实国际奥委会的可持续性要求，实现北京冬奥会申办时的可持续性承诺，北京冬奥组委从政策制定到具体行动，逐步探索了大型活动筹办、举办过程可持续性的实践路径。本章以历届奥运会可持续性实践为案例，解读可持续发展与奥运会的关系。

本章导读

　　什么是可持续发展？体育对促进可持续发展有哪些作用？奥林匹克运动与可持续发展有什么关系？你觉得北京冬奥会可以通过什么方式来促进可持续发展？你能想到哪些做法？你知道当你参加体育运动的时候，可以为可持续发展做出哪些贡献吗？请带着这些问题阅读本章。

第一节 解题之钥：

什么是可持续发展

如果你是细心观察生活的人，肯定发现了一个现象——最近几年，很多奶茶店的塑料吸管都变成了纸吸管。这是人们意识到塑料吸管"不可降解"会给环境带来危害而做出的改变。

《科学进展》杂志上的一项研究显示，20 世纪 50 年代初以来，人类已经生产了将近 83 亿吨塑料，相当于 10 亿头大象的重量。也许人类生产这些塑料的时候，没有想到它们会"入侵"我们的生活，更没有预料到它们会成为地球的顽疾，埋在地下成百上千年也难以被降解。

其实，塑料问题只是人类发展过程中与自然环境之间的矛盾之一。我们为什么要保护环境？自 20 世纪 60 年代起，工业化发展过程中带来的负面影响就开始引起了人们的警觉。在经济发展的同时，环境污染、水土流失、能源和资源危机、贫富差距加大等全球性问题都随之而来。如何实现社会、经济和环境可持续发展，成为摆在人类面前的一道难题。

可持续发展便是在这种境况下应运而生的"解题之钥"，也是一条可以支持全人类进步、一直到遥远未来的发展之路。

1980 年，世界自然保护联盟（IUCN）在编纂的《世界自然资源保护大纲》中提出："必须研究自然的、社会的、生态的、经济的以及利用自然资源过程中的基本关系，以确保全球的可持续发展。"1987 年，世界环境与发展委员会出版的《我们共同的未来》中，第一次对"可持续发展"给出定义："既能满足当代人的需要，又不对后代人满足其需要的能力构成危害的发展。"提出了"地球的资源和能源远不能满足人类发展的需要，必须为当代人和下代人的利益改变发展模式"的观点。

1992 年 6 月，联合国在巴西里约热内卢召开环境与发展大会，通过了以可持续发展为核心的《里约环境与发展宣言》（简称《里约宣言》）、《21 世纪议程》等，向世界昭示了全球 100 多个国家共同致力于可持续发展、为保护地球共担使命的决心与担当。2015 年 9 月 25 日，联合国可持续发展峰会在纽约联合国总部召开，会议通过了一份由 193 个会员国共同达成的纲领性文件《2030 年可持续发展议程》，包括 17 项可持续发展目标和 169 项具体目标。该文件将推动世界在 2030 年之前实现 3 个史无前例的非凡创举——消除极端贫穷、战胜不平等和不公正以及遏制气候变化。

可持续发展要求为人类和地球建设一个具有包容性、可持续性和韧性的未来而共同努力。要实现可持续发展，就要协调三大核心要素：社会包容、经济增长和环境保护。本书将围绕这三个角度来介绍。

可持续发展 目标

● 联合国可持续发展目标

第二节 融合改变：
奥林匹克运动的可持续性

一 推动与影响：体育与可持续发展

看到这个标题，你可能会感到疑惑，但事实上体育确实是可持续发展的一个重要推动力。一方面，体育运动特别是一些大型赛事活动的举行，会对社会、经济和环境产生影响；另一方面，体育运动本身也能促进人类的健康和福祉。作为人类能够共享的活动，体育运动跨越了文化和政治差异，可以充当人们交流、沟通的桥梁，同时促进社会的包容发展。

体育对健康、教育、性别平等、社会包容等可持续发展目标具有促进作用。

体育在防治非传染性疾病方面具有积极作用。非传染性疾病往往与缺乏体育锻炼和营养不良有关。定期参加体育运动和健身活动不仅能直接促进身体健康，还能帮助人们养成健康的生活方式，让他们保持充沛的精力，更好地对抗非传染性等疾病。

体育还对人的身心健康有很大帮助。世界卫生组织开展的多项研究结果表明，体育锻炼能促进心理健康和认知发展。有规律的体育运动可以预防和降低抑郁、焦虑的症状，缓解负面情绪，给抑郁和焦虑的人带来积极影响。

运动可以提升注意力，有助于人们在短时间内吸收更多的信息和知识，提高学习效率，提升学习成效。有研究表明，适度运动能改善和提高中枢神经系统的工作能力，使人头脑清醒、思维敏捷。

体育是学校全面教育不可或缺的内容。通过在学校参与体育运动，学生可以了解到体育的核心价值理念，包括团队合作、公平竞赛、遵守规则、尊重他人、纪律和宽容等。这些价值理念也是学生长大后参与团队活动和进入职场需要具备的重要素养。

参与体育运动也可以促进人的社会化。比如，女性参与体育运动，可以不断实现和加速她们社会化的过程。随着近代女子体育的兴起，女性参与体育的程度不断提升，女体育教师和女运动员的出现，意味着女性承担了越来越多的社会角色，自身价值也得到自我和社会的肯定。也可以说，体育是促进男女平等、社会发展的一种有效手段。

体育可以吸引不同族群的人们，是不同文化之间的"通用语言"，具有强大的全球影响力。体育可以让参与者会聚一堂，追求共同的兴趣和目标，共同学习分享相互尊重、团结协作和公平竞赛等价值理念。

体育可以促进社会包容，建立信任，推动冲突群体走向和平。在古希腊，举行奥林匹克运动会时，各交战城邦必须停战，以使各地的运动员和观众能够前往场地参赛、观赛，即"奥林匹克休战"，又名"神圣休战"。1993年10月，联合国大会恢复了奥林匹克休战这一传统，呼吁会员国、冲突各方和其他利益攸关方在奥运会和残奥会举行期间，遵守《奥林匹克休战决议》，希望休战一天就能带来一周、一月的和平，最终结束战争。可见，体育也是促进世界和平的重要手段之一。

"体育也是可持续发展的一个重要推动力。我们确认，体育对实现发展与和平的贡献越来越大，因为体育促进容忍和尊重，增强妇女和青少年、个人和社区的权能，有助于实现健康、教育和社会包容方面的目标。"

——联合国《2030年可持续发展议程》

7

二 发展与改革：国际奥委会推动可持续性融入奥运会

国际奥委会

（International Olympic Committee）

国际奥委会的全称是国际奥林匹克委员会，它是一个国际性的、非政府的、非营利的组织，是奥林匹克运动的领导机构。国际奥委会成立于 1894 年 6 月 23 日，发起人是法国教育家皮埃尔·德·顾拜旦，成立之初总部设在法国巴黎，1915 年迁入瑞士洛桑。其宗旨是：鼓励、组织发展体育运动，组织竞赛；在奥林匹克理想指导下，鼓舞和领导体育运动，从而促进和加强各国运动员之间的友谊。

奥运会作为重要的国际体育赛事，可以在多方面促进可持续发展。早在 2001 年，国际奥委会就开始研究如何控制奥运会的规模、成本和对环境等问题的影响，强调奥运会应该能够确保为主办城市和当地居民留下惠及当地的基础设施、人才和知识等遗产。

2014 年 12 月，国际奥委会通过了奥林匹克未来发展蓝图——《奥林匹克 2020 议程》，提出"通过体育建设一个更美好的世界"的组织愿景，并将可持续性作为《奥林匹克 2020 议程》三大主题之一。《奥林匹克 2020 议程》提出了 40 条改革建议，为奥运会开启了改革之门。这些改革措施的核心内容是降低奥运会申办和运行成本、提升可持续发展理念、提高公信力和注重人文关怀等。其中，与可持续发展直接相关的建议包括"建议 4：将可持续性纳入奥运会各个方面"和"建议 5：将可持续性纳入奥林匹克运动的日常运作中"。

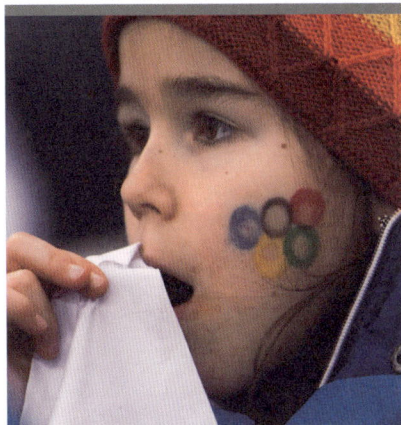

OLYMPIC AGENDA 2020
20+20 RECOMMENDATIONS

● 《奥林匹克 2020 议程》

2017 年，国际奥委会正式发布《国际奥委会可持续性战略》(以下简称《战略》)，提出 5 项可持续性重点领域：基础设施与自然、采购与资源管理、交通运输、劳动力、气候变化。《战略》明确了国际奥委会在可持续性方面的战略目标、自身角色及职责、重点领域和推动主办城市实现可持续性战略的路径。

《战略》也诠释了国际奥委会推动可持续性以及《联合国 2030 年可持续发展议程》的作用。奥运会的举办可以直接促进 11 项可持续发展目标的实现，包括良好健康与福祉，优质教育，性别平等，体面工作和经济增长，可持续城市和社区，负责任消费和生产，气候行动，水下生物，陆地生物，和平、正义与强大机构，促进目标实现的伙伴关系。

IOC
Sustainability
Strategy

● 《国际奥委会可持续性战略》

● 国际奥委会致力于推动的关键可持续发展目标

具体而言，奥运会的举办对可持续发展的作用可以分为两部分。

一是举办体育比赛，开展体育运动对可持续发展的直接促进作用。奥运会的举办有助于弘扬奥林匹克精神，包括推动全民健身运动，增进全民身心健康，促进性别平等和社会包容等。

二是办赛全过程对可持续性问题的关注带来的积极影响。将可持续性要求融入奥运会筹办和举办的各个环节，有助于减少奥运会举办对社会、经济和环境的消极影响，并发挥奥运会的影响力，扩大对社会、经济和环境的积极影响。比如，在比赛场馆建设中关注场馆建设对周围生态环境的影响，建设绿色场馆，以减少场馆建设和运营过程中的能源消耗、资源消耗、温室气体排放，建设和应用绿色低碳交通和运输体系，推动可持续采购，关注场馆周边社区的良性发展，通过奥运会举办带动周边地区发展，通过奥运会宣传可持续发展理念和做法等，都对可持续发展有促进作用。

三 经验与实践：主办城市的可持续性措施

往届奥运会主办城市都非常重视奥运会对增强社会、经济和环境可持续性，促进可持续发展方面的作用。

（一）社会可持续性

第 21 届冬季奥运会　加拿大·温哥华

2010 年温哥华冬奥会鼓励原住民青年参加运动，通过采购奥运会相关的货物带动当地发展，并在全世界范围内推广原住民文化。

第 22 届冬季奥运会　俄罗斯·索契

2014 年索契冬奥会发起"为残障人士提供支持"的项目，并通过电视、收音机、纸质媒体等方式，向公众倡导帮助残障人士参与运动的理念及文化，2006 年—2011 年间，参加运动的残障人士人数增加了 16 倍。

（二）经济可持续性

第 30 届夏季奥运会　英国·伦敦

2012 年伦敦奥运会促进东伦敦地区的转型升级。伦敦在申办 2012 年奥运会时，就明确提出"要举办一届安全并能具有遗产可持续性的奥运会"。通过奥运会相关场馆和设施的建设和利用，促进了东伦敦地区的高速发展。其中伦敦奥运会期间的新闻中心、广播中心和数据中心，在后奥运时代改造成东伦敦数字创意园，引来 7500 名科创人员，成为英国最大初创公司孵化器，对拉动当地就业，推动伦敦科技发展发挥了重要作用。

第 23 届冬季奥运会　韩国·平昌

2018 年平昌冬奥会通过本地化采购食材的方式，支持当地经济发展。同时，利用传统食材和配料开发食谱，并通过培训等形式在当地餐厅推广，向全世界展示韩国料理和饮食文化。

（三）环境可持续性

第 17 届冬季奥运会　挪威·利勒哈默尔

1994 年利勒哈默尔冬奥会将环境保护融入冬奥场馆，场馆内空调剩余热量被循环利用在其他区域。组委会还将环保信息印在了门票上。

第 29 届夏季奥运会　中国·北京

2008 年北京奥运会倡导"绿色奥运"，着力提升全民保护环境意识，采用环保节能的建筑材料建设奥运场馆和基础设施，在北京及其周边地区大力发展植树造林，改善空气质量，加强公共污水和废物处理系统建设。

第 31 届夏季奥运会　巴西·里约热内卢

2016 年里约奥运会举办了以环保为主题的开幕式，呼吁大家要珍爱大自然。运动员在入场途中会取一颗种子，207 个代表团共拿到上万颗种子，这些种子将被移种至德奥多罗地区的公园，长成运动员森林。

第 32 届夏季奥运会　日本·东京

2020 年东京奥运会公开募集各类电子设备，提炼必要的金属物质制作奥运奖牌。将废旧的电子设备回收利用，大大降低了对于自然界金属物质的索取，更为环保也更为节约。

想一想：

能在奥运会上被利用的旧物有哪些？

　　家在东京的康夫听说东京奥运会的奖牌、领奖台等用品会采用再生资源制作，康夫家所在地政府恰好做了旧物回收工作。如果你是康夫，你能为家里的旧物找到可利用的去处吗？请将旧物与它可能制作的奥运会物品相连（请注意一种旧物可以对应多种用途）。

旧物	用途

旧物

- 收音机
- 电脑
- 灯管
- 固定电话
- 水粉画颜料
- 电视
- 光盘
- 塑料瓶
- 衣服

用途

奖牌（铜）

奖牌（金）

奖牌（银）

领奖台

运动员服装

第三节 创新实践：

北京冬奥会可持续性

北京冬奥会是第一届从筹办到举办全过程落实《奥林匹克2020议程》的奥运会，也是奥运会历史上，第一次把可持续性管理全面融入申办、筹办、举办全过程所有相关工作之中。

北京申办冬奥会提出"以运动员为中心、可持续发展、节俭办赛"3大理念，并在可持续性方面做出了多项承诺，包括城乡环境建设、大气污染治理、生态保护等12个方面的内容。

2015年12月15日，北京2022年冬奥会和冬残奥会组织委员会（以下简称"北京冬奥组委"）成立，负责组织、协调北京冬奥会和冬残奥会全部筹备和举办工作，秉持习近平总书记提出的"绿色、共享、开放、廉洁"办奥理念，将可持续性作为全局性重点工作之一。

北京冬奥会可持续性承诺

可持续发展是北京申办2022年冬奥会的三大理念之一。全面兑现申办承诺是北京冬奥会可持续性工作的基本目标。北京冬奥会申办时，在可持续性目标、理念和战略，可持续性机构、预算和机制，规划、指南和标准，场馆选址和规划、设计、建设和运行，宣传与文化活动，可持续采购，城乡环境与可持续发展，生态保护与补偿，应对气候变化与碳中和，治理大气污染保障空气质量等领域提出了28条可持续性相关承诺事项。

一 一脉相承：北京冬奥会可持续性愿景和目标

北京冬奥会可持续性愿景是"可持续·向未来"，与北京冬奥会的办奥理念一脉相承。

北京冬奥会作为全球性的重要活动以及中国重要历史节点的重大标志性活动，关注人类社会的全面发展，面向未来，综合考虑冬奥会对社会、经济和环境可持续发展的影响。

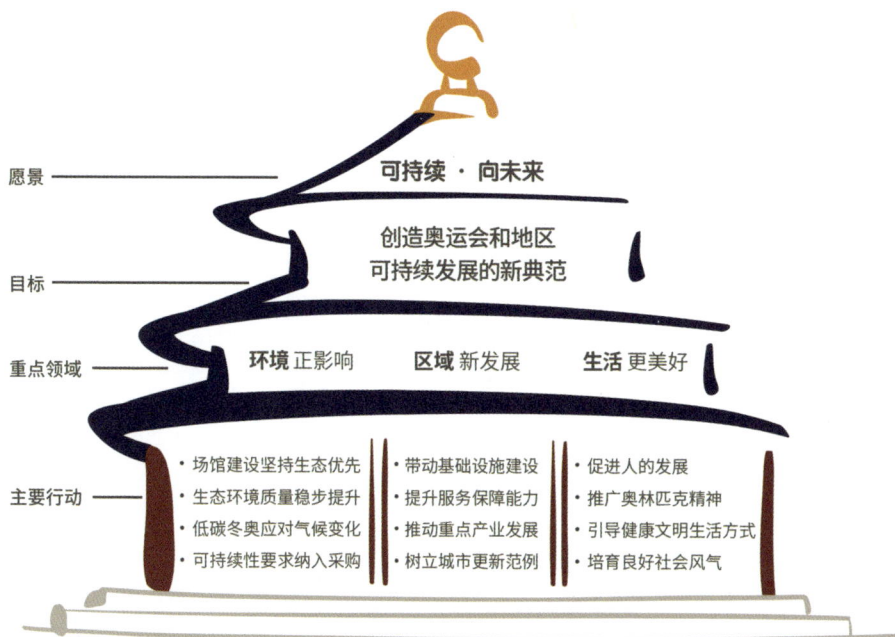

愿景	**可持续·向未来**	
目标	**创造奥运会和地区 可持续发展的新典范**	
重点领域	**环境** 正影响　　**区域** 新发展　　**生活** 更美好	
主要行动	· 场馆建设坚持生态优先　· 带动基础设施建设　· 促进人的发展 · 生态环境质量稳步提升　· 提升服务保障能力　· 推广奥林匹克精神 · 低碳冬奥应对气候变化　· 推动重点产业发展　· 引导健康文明生活方式 · 可持续性要求纳入采购　· 树立城市更新范例　· 培育良好社会风气	

● 北京冬奥会可持续性框架

北京冬奥会可持续性总体目标是"创造奥运会和地区可持续发展的新典范"。

通过把可持续性融入北京冬奥会筹办工作的各个方面，以更快的环境改善进程促进人与自然的和谐，以更高质量的发展水平带动区域发展的协调，以更强的公众参与力度满足人民美好生活的需求，使北京冬奥会成为城市和地区可持续发展的强大动力，创造一个奥林匹克运动与城市和区域发展良性互动、相互促进的范例。

二 三面并举：北京冬奥会面临的可持续性问题

　　北京冬奥会是我国首次举办的冬季奥运会，并且是在国际奥委会《奥林匹克2020议程》发布之后开始筹办和举办的奥运赛事，筹办之初，即面临着更高的可持续发展要求。如，我国对冰雪运动涉及的可持续性问题缺乏经验与方案；因冰雪运动在国内的普及率不够高，运动场馆相对较少，如果为举办冬奥会新建全部比赛场馆，可能会对周围生态环境、生物多样性和当地社区产生一些影响等。

如何更好地解决筹办和举办北京冬奥会面临的社会、经济和环境问题，满足国际奥委会的可持续性要求，履行好冬奥会申办承诺，发挥北京冬奥会的优势作用，形成更多的正向影响，是北京冬奥会筹办过程重点考虑的问题。北京冬奥组委将筹办工作与北京市、河北省的赛区环境、区域发展和民生改善有机融合，制定可持续性政策和计划，研究顶层设计，在"环境正影响""区域新发展""生活更美好"3个领域深入推进可持续性工作。

1. 环境正影响

坚持生态优先、资源节约、环境友好，为冬奥会打下美丽中国底色。最大限度利用现有场馆和设施，建设绿色场馆；加强区域生态环境联防联治，切实改善京冀地区生态环境质量；积极应对气候变化，努力实现低碳奥运；实施可持续采购，促进绿色低碳循环经济发展。

2. 区域新发展

坚持发挥筹办冬奥会对区域协同发展强有力的牵引作用，推动京冀两地交通、产业和公共服务等协同发展，使冬奥会成为城市和区域发展的催化剂。加快基础设施建设，改善无障碍环境；提高城市管理水平，提升服务保障水平；以冰雪产业、旅游产业发展等为切入点，加快京张地区文化旅游带建设；推进科技成果转化利用，培育新的经济增长点，促进产业互补互促，为区域的长远发展注入新动力。

3. 生活更美好

坚持以人民为中心的发展思想，共同参与、共同尽力、共同享有，使冬奥会产生良好社会效应，顺应人民群众对美好生活的新期待。加快人才培养，妥善安置赛区居民，提升居民生活水平，促进冬奥会与人的发展相融合；弘扬奥林匹克精神，推进冰雪运动普及，引导积极、健康、文明的生活方式，切实增强人民群众的获得感和幸福感；弘扬中国文化，培育良好社会风气，提升社会文明程度。

三 具体行动：北京冬奥会采取的可持续性措施

北京冬奥会采取的可持续性措施主要包括建立可持续性管理体系、实施可持续采购、开展场馆可持续性管理、推进低碳管理工作和讲好可持续性故事等 5 个方面。

1. 可持续性管理体系

为保证大型赛事符合可持续性要求，北京冬奥组委将大型活动可持续性管理体系（ISO 20121）国际标准、环境管理体系（ISO 14001）国际标准和社会责任指南（ISO 26000）国际标准有机融合，形成了具有北京冬奥会特点的可持续性管理的"北京标准"。

● 2019 年 11 月，
北京冬奥组委获颁可持续性管理体系认证证书

北京冬奥会可持续性管理体系创造了多项"第一"：北京冬奥组委是我国获得大型活动可持续性管理体系第三方认证证书的第一个大型组织；是奥林匹克历史上第一个把三个国际标准整合为一体的可持续性管理体系；是第一个覆盖奥运会筹办全领域、全范围的可持续性管理体系；第一次把所有相关业务都融入了可持续性管理体系之中。

ISO 20121：大型活动可持续性管理体系

2012年，国际标准化组织（ISO）正式发布《ISO 20121 大型活动可持续性管理体系——要求及使用指南》，该国际标准旨在支持举办各种类型活动的组织机构进行可持续性管理，适用于对公共赛事（如奥运会）、各类展览、演出及庆典等大型活动的管理。

2008年，伦敦奥组委开始摸索建立了可持续性管理体系，并将其发展为可认证的国家标准 BS 8901（英国可持续发展活动标准）和国际标准 ISO 20121（大型活动可持续性管理体系）。伦敦奥运会最主要的两个组织方——伦敦奥组委（LOCOG）和伦敦建设局（LDA）于2011年通过 BS 8901（英国可持续发展活动标准）认证，并于2012年获得 ISO 20121（大型活动可持续性管理体系）认证。获得 ISO 20121 认证是国际奥委会对举办城市奥组委的规定性要求。

我国等同采用 ISO 20121 标准，并将其转化为国家标准 GB/T 31598-2015《大型活动可持续性管理体系——要求及使用指南》，于2016年1月1日起正式实施。

2.可持续采购

可持续采购是实现社会、经济和环境长期利益的采购行为，是北京冬奥会可持续性管理的重要组成部分。北京冬奥组委制定了可持续采购系列文件并组织实施，将可持续性要求分别融入采购需求论证、采购方案确定、合同商选择、合同商管理等关键采购流程，保障采购各环节符合可持续性标准。

3. 场馆可持续性管理

北京冬奥会组织筹办的各方在场馆规划、设计、建设、运行和赛后利用全过程强化可持续性管理，对赛区生态环境可持续发展提出具体要求。

4. 低碳管理

北京冬奥会最大限度减少和控制赛事筹办和场馆建设运行过程中产生的温室气体，制定并组织实施了《低碳管理工作方案》。

5. 讲好可持续性故事

北京冬奥会官网设置了可持续性专题页面，并在微信、微博等社交平台以及抖音、快手等新媒体平台开设官方账号，及时发布可持续性政策文件和工作动态。北京冬奥组委还通过国际会议、大型活动、公众参与、赛时展示等形式和渠道，向国内外介绍北京冬奥会可持续性工作亮点，普及北京冬奥会可持续性知识，引导公众践行绿色低碳的生活方式。

● 北京冬奥会微信公众号和微博
发布可持续性工作动态

想一想：

可持续性的实际应用

根据文中内容，请你尝试填写天坛图中空白处，使表格中的 12 项行动分别归属于三大重点领域（把序号填入空白处）。

(1) 场馆建设坚持生态优先	(2) 生态环境质量稳步提升	(3) 低碳冬奥应对气候变化
(4) 可持续性要求纳入采购	(5) 带动基础设施建设	(6) 提升服务保障能力
(7) 推动重点产业发展	(8) 树立城市更新范例	(9) 促进人的发展
⑽ 推广奥林匹克精神	⑾ 引导健康文明生活方式	⑿ 培育良好社会风气

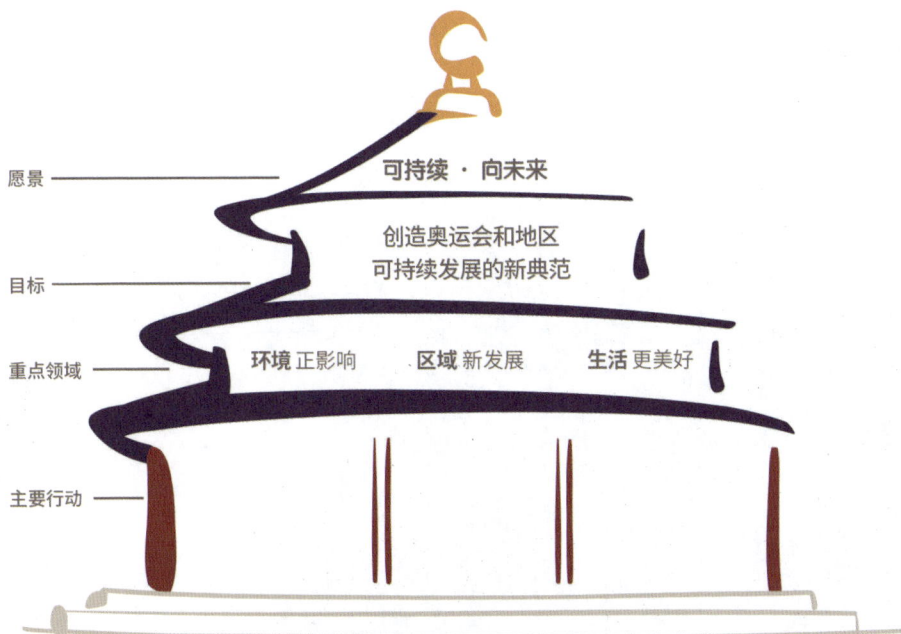

愿景 ——————— 可持续 · 向未来

目标 ——————— 创造奥运会和地区
可持续发展的新典范

重点领域 ——————— 环境 正影响　　区域 新发展　　生活 更美好

主要行动 ———————

21

第二章　理念融合：

北京冬奥会场馆的可持续性

　　场馆建设是奥运会筹办阶段最受瞩目的事项之一，奥运会场馆既能体现主办国家及城市的建筑技术发展水平，也能展示时代的建筑理念。

　　北京冬奥会的场馆建设充分考虑了绿色办奥的总体要求。在立项、规划、选址过程中，充分考虑使用现有场馆，提前做好选址与区域发展规划。在设计和建设过程中，严格执行相应的绿色建筑评价标准，实施节能、节材、节水、节地等措施，建设绿色可持续性场馆。

本章导读

　　你知道冬奥会场馆从选址、建设、使用到赛后利用全过程都涉及哪些可持续性问题吗？怎样才能减少场馆建设对环境的负面影响？如何建设北京冬奥会场馆，才能体现国际奥委会对可持续性的要求？你认为场馆的"绿色"表现在哪些方面？请带着这些问题开始阅读本章。

第一节　展现平台：

场馆与可持续性

有人可能不太理解：这次冬奥赛事不只在北京进行，还在河北张家口建设了场馆，共设立了 3 个赛区，为什么要如此大费周章呢？有人说，这样的北京冬奥会似乎不够"绿色"，真的是这样吗？

一　面临挑战：场馆的基本情况

北京冬奥会共设 7 个大项（冬残奥会 6 个大项）、15 个分项、109 个小项（冬残奥会 78 个小项）的比赛，共计使用 41 个场馆（竞赛场馆 12 个、训练场馆 3 个、非竞赛场馆 26 个）。12 个竞赛场馆中，5 个为现有场馆（北京赛区使用 4 个 2008 年北京奥运会场馆遗产，张家口赛区对现有云顶滑雪公园雪道改造利用），另外 7 个为新建场馆。这些场馆分布在 3 个赛区，分别是北京赛区、延庆赛区和张家口赛区。

以下列举了北京冬奥会 12 个竞赛场馆的分布，以及各场馆所承接的冬奥会比赛项目。

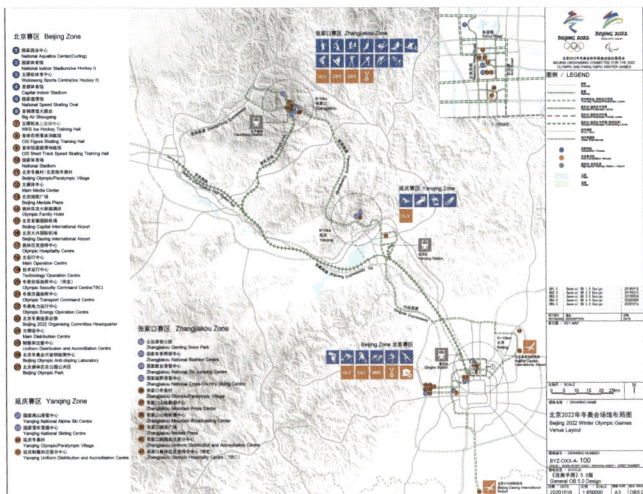

● 北京冬奥会场馆分布规划图

北京赛区

国家游泳中心  冰壶

国家体育馆  冰球

五棵松体育中心  冰球

国家速滑馆  速度滑冰

首都体育馆  短道速滑

花样滑冰

首钢滑雪大跳台  单板滑雪大跳台

自由式滑雪大跳台

延庆赛区

国家高山滑雪中心  高山滑雪

雪车

国家雪车雪橇中心  钢架雪车

雪橇

张家口赛区

- 云顶滑雪公园 ── 自由式滑雪
- 云顶滑雪公园 ── 单板滑雪
- 国家越野滑雪中心 ── 越野滑雪
- 国家越野滑雪中心 ── 北欧两项
- 国家跳台滑雪中心 ── 跳台滑雪
- 国家跳台滑雪中心 ── 北欧两项
- 国家冬季两项中心 ── 冬季两项

对于奥运会主办城市来说，奥运会的场馆建设往往面临着一些具体问题，如，建设过程中可能对自然环境、文化遗产和当地社区等带来一些影响，比赛结束后场馆可能存在闲置、无法长期有效使用等问题。如何做好奥运场馆的可持续性设计，如何在场馆生命周期内将环境影响降至最低，实现长久利用、重复利用，尊重和保护文化遗产，是北京冬奥会筹办之初就特别关注的问题。

二　履行承诺：场馆选址、规划中的可持续性

北京冬奥组委落实国际奥委会可持续性战略、履行申办承诺，从场馆设施规划设计、工程建设，到赛时运行和赛后利用的全过程，都严格执行可持续性要求，按照绿色建筑评价标准建设和改造场馆，注重生态环境保护和赛后利用，在场馆可持续性方面发挥引领和示范作用。

北京冬奥组委从以下 3 个角度关注场馆选址的可持续性。

1. 最大限度利用现有场馆和设施

北京冬奥会主要的竞赛、非竞赛和训练场馆中,有 6 个是 2008 年夏季奥运会场馆,包括国家游泳中心、国家体育馆、五棵松体育中心、首都体育馆、国家体育场和首体花样滑冰训练馆。新建场馆中,国家速滑馆利用了 2008 年夏季奥运会临时场馆用地。张家口赛区利用云顶滑雪公园的现有雪道,减少新建场馆的数量。此外,北京冬奥组委总部办公场所充分利用首钢园区设施,是改造利用工业遗产的典范。

2. 考虑赛时的客观条件,包括气象条件与距离分布

冬季奥运会项目要求场馆选址必须满足滑雪比赛山形地貌及一定的温度等自然条件,且奥运村与比赛场馆之间交通应便利,距离不宜过长。因此,北京冬奥会的雪上项目场馆分别选在北京北部的延庆和与其同一方向的张家口市崇礼区,并分别在北京赛区、延庆赛区和张家口赛区设置奥运村。

3. 带动赛区社会、经济和环境协调发展

以举办北京冬奥会为契机,北京市进一步升级城市公共交通网络;张家口市的冰雪产业也获得极大的发展;伴随京礼高速与京张高铁的开通运行,张家口融入京津冀一体化发展的脚步更加迅速。

京 礼 高 速

作为京津冀一体化西北高速通道之一,京礼(北京—崇礼)高速公路是连接北京城区、延庆新城与河北张北地区的快速交通干道,已于 2020 年 1 月 23 日全线贯通。京礼高速由兴延高速与延崇高速合并而成,是 2019 年北京世界园艺博览会和 2022 年北京冬奥会的重要配套基础设施。作为一条科技含量高的智慧高速公路,京礼高速未来将支持车路协同自动驾驶,还将成为北京第一条实现全频段覆盖的 5G 高速公路。

此外，北京冬奥会在规划场馆时还考虑到了以下问题。

1. 场馆赛后利用

场馆规划充分考虑了城市现有条件及赛后遗产要求，制定永久场馆赛后利用及临时场馆的恢复方案。同时，对临时场馆的拆除、建材资源的回收利用做出妥善安排。

2. 场馆建设和运行可能涉及的环境问题

北京冬奥组委与世界自然保护联盟中国代表处多次研讨，秉承避让（预防）、减缓（管理）、重建（补救）、补偿4个方面工作思路，制定并实施了多项保护措施，使场馆建设和运行过程对自然环境的生物多样性实现最小影响，甚至形成正面效益。

3. 优化场馆设计方案

北京冬奥会场馆建设优先采用清洁和可再生能源、节能节水设备及绿色建材等，践行一系列绿色建筑评价标准，保证场馆的设计符合可持续性的要求，实现冬奥会场馆的绿色低碳。

近几届冬奥会冰上比赛场馆赛时和赛后功能如下所示。

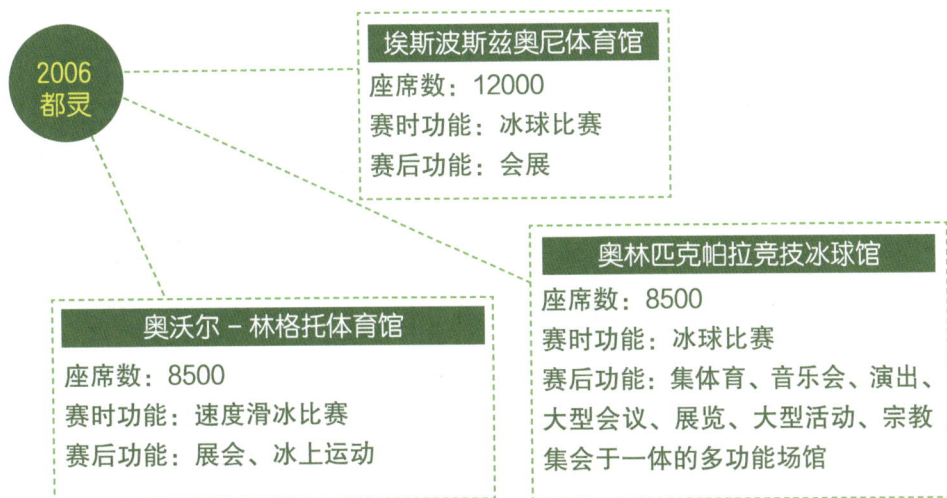

2006 都灵

埃斯波斯兹奥尼体育馆
座席数：12000
赛时功能：冰球比赛
赛后功能：会展

奥沃尔－林格托体育馆
座席数：8500
赛时功能：速度滑冰比赛
赛后功能：展会、冰上运动

奥林匹克帕拉竞技冰球馆
座席数：8500
赛时功能：冰球比赛
赛后功能：集体育、音乐会、演出、大型会议、展览、大型活动、宗教集会于一体的多功能场馆

（接下页）

（接上页）

帕拉维拉体育馆

座席数：6600
赛时功能：花样滑冰、短道速滑比赛
赛后功能：可举办音乐会、集会、展会等的多功能场馆

皮内罗洛－帕拉吉西奥体育馆

座席数：3000
赛时功能：冰壶比赛
赛后功能：冰球、冰壶、短道速滑、花样滑冰比赛；戏剧表演场地

2010 温哥华

温哥华奥林匹克中心

座席数：5600
赛时功能：冰壶比赛
赛后功能：温哥华冰壶俱乐部、社区娱乐场所

里士满速滑馆

座席数：7600
赛时功能：速度滑冰比赛
赛后功能：医疗、食品、零售服务；高水平运动员训练表演场地；当地观众交流聚会综合场馆，馆内设有室内赛艇池、划船机、健身中心、儿童中心

加拿大冰球馆

座席数：19300
赛时功能：冰球比赛
赛后功能：延续比赛功能

太平洋体育馆

座席数：14200
赛时功能：花样滑冰、短道速滑比赛
赛后功能：冰上、拳击、篮球、冰球等运动；举办音乐会、马戏表演、商贸展会、大型聚会等

哥伦比亚大学雷鸟竞技场

座席数：6800
赛时功能：冰球比赛
赛后功能：学校、社区冰球运动

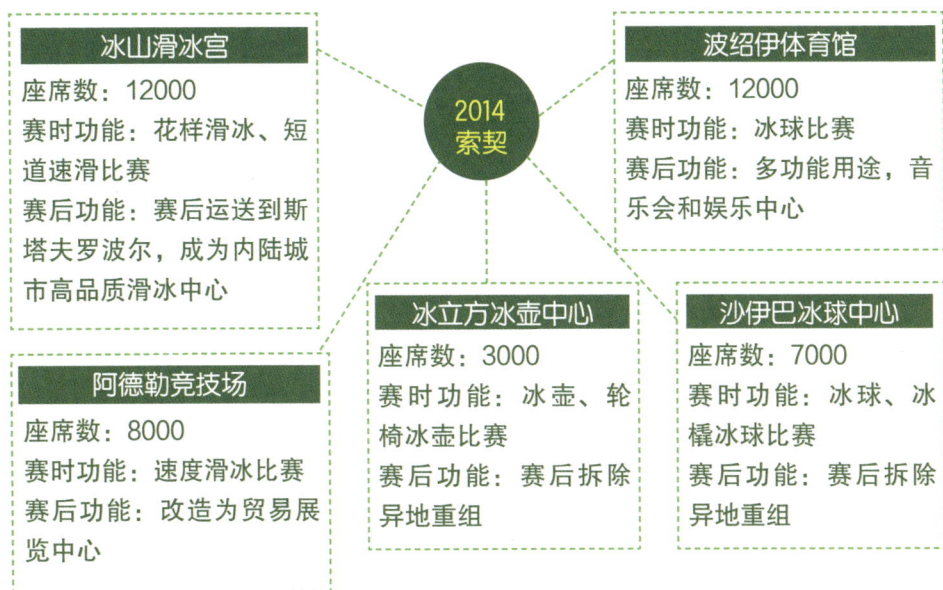

冰山滑冰宫
座席数：12000
赛时功能：花样滑冰、短道速滑比赛
赛后功能：赛后运送到斯塔夫罗波尔，成为内陆城市高品质滑冰中心

2014 索契

波绍伊体育馆
座席数：12000
赛时功能：冰球比赛
赛后功能：多功能用途，音乐会和娱乐中心

冰立方冰壶中心
座席数：3000
赛时功能：冰壶、轮椅冰壶比赛
赛后功能：赛后拆除异地重组

沙伊巴冰球中心
座席数：7000
赛时功能：冰球、冰橇冰球比赛
赛后功能：赛后拆除异地重组

阿德勒竞技场
座席数：8000
赛时功能：速度滑冰比赛
赛后功能：改造为贸易展览中心

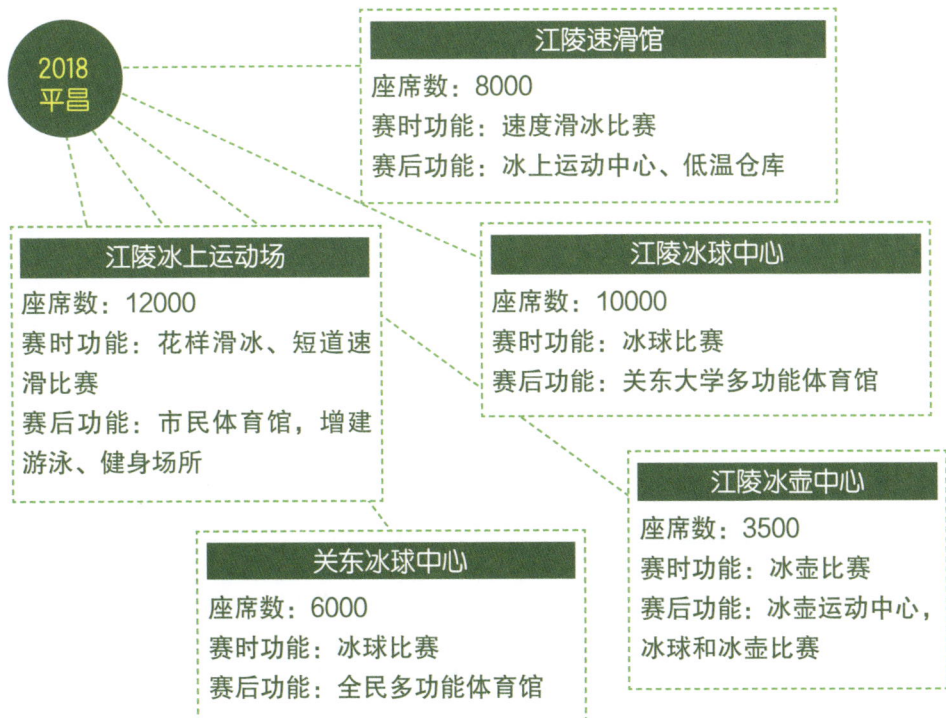

2018 平昌

江陵速滑馆
座席数：8000
赛时功能：速度滑冰比赛
赛后功能：冰上运动中心、低温仓库

江陵冰上运动场
座席数：12000
赛时功能：花样滑冰、短道速滑比赛
赛后功能：市民体育馆，增建游泳、健身场所

江陵冰球中心
座席数：10000
赛时功能：冰球比赛
赛后功能：关东大学多功能体育馆

江陵冰壶中心
座席数：3500
赛时功能：冰壶比赛
赛后功能：冰壶运动中心，冰球和冰壶比赛

关东冰球中心
座席数：6000
赛时功能：冰球比赛
赛后功能：全民多功能体育馆

三 "四节一环保"：场馆的绿色评价标准

北京冬奥会所有场馆落实绿色建筑评价标准，即新建室内场馆（包括冰上场馆和 3 个冬奥村）执行国家级绿色建筑三星级标准；新建雪上场馆达到《绿色雪上运动场馆评价标准》三星级要求；既有改造场馆按照《既有建筑绿色改造评价标准》，达到绿色建筑二星级标准。

截至 2021 年 6 月 30 日，国家速滑馆、主媒体中心、五棵松冰上运动中心、北京冬奥村、延庆冬奥村及张家口冬奥村 6 个新建室内场馆全部通过绿色建筑三星级标准认证，7 个雪上场馆全部获得《绿色雪上运动场馆评价标准》三星级认证，国家游泳中心、国家体育馆、首体场馆群 3 个改造场馆获得绿色建筑二星级标准认证。

《绿色建筑评价标准》

发展绿色建筑，是响应绿色发展理念的重要途径之一，其基本内涵可归纳为：减轻建筑对环境的负荷，即节约能源及资源；提供安全、健康、舒适性良好的生活空间；与自然环境亲和，做到建筑、人、环境的和谐共处、永续发展。

《绿色建筑评价标准》是中国国家级绿色建筑标准，采取对每项指标考评打分的方式，判定建筑是否达到绿色建筑标准的相应星级。根据评定的不同分值，将绿色建筑评价分为基本级、一星级、二星级和三星级 4 个等级。

当今世界已有的绿色建筑评价标准还有：美国绿色建筑认证体系（LEED）、英国建筑研究院绿色建筑评估体系（BREEAM）、德国可持续建筑评估体系（DGNB）和日本建筑物环境效能综合评价系统（CASBEE）等。

《绿色建筑评价标准》聚焦"四节一环保"，即节能、节材、节水、节地和环境保护。按照《绿色建筑评价标准》建设的奥运场馆，在设计、建设、运行和赛后利用过程中使用最新低碳技术，如，高效外保温和高性能门窗以及一些先进的超低能耗建筑技术等，最大限度节约资源，应用清洁和可再生能源、节能节水设备，减少污染，保护环境。北京冬奥会场馆的绿色特征具体体现在如下几个方面。

节能方面

采用 LED 照明的方式减少电能消耗，有些场馆还采用光导管等技术，以高效利用自然光。

优化建筑物设计与结构，减少热能的流失。其中，无热桥设计是实现采暖领域节能的主要手段。

部分冰上场馆使用回收制冰余热，施工工地的生活区安装太阳能热水器，减少能源消耗。

节材方面

通过信息化手段，优化建筑物结构设计，以减少建筑材料，尤其是钢材的使用。

建材的再利用，如施工时重复使用脚手架、围挡等建材，提高其使用效率；就地取材，利用赛区内的土石方建设挡墙；建筑物采用可拆卸结构，赛后拆解成可再利用的建材。

场馆施工过程中使用回收水泥桩头制造的再生混凝土，同时也解决了城市废弃物的堆放、占地和环境污染问题。

节水方面

修建塘坝和蓄水池，有效收集并循环利用赛区内自然降水、融雪水。

建设、安装分散或集中污水处理设施，实现生活污水收集、处理后再利用。

推广、安装具有节水功能的器具，节约水资源。

节地方面

严格控制山地场馆自身用地。

在北京赛区的一些场馆中，为节约建设用地，增加对地下空间的利用。

环境保护

延庆赛区在场馆建设前实施本底调查，采取就地保护、近地保护和迁地保护等措施，最大限度保护赛区植物，减少场馆建设对生态环境的影响。

采取避让措施，减少施工过程对野生动物的影响。

场馆建设过程加强对施工扬尘的管控，全方位降尘，同步开展环境监测，减少施工对大气环境造成的影响。

● 国家雪车雪橇中心建筑与赛道周边的生态修复

第二节 行动示范：

新建场馆的可持续性措施

奥运会所使用的场馆一般都会作为奥运会后城市的金色名片和地标建筑，成为整个城市文化、体育、国际交往、经济等活动的重要场所。北京冬奥会新建场馆坚持生态优先、资源节约、绿色办奥理念，建设了有示范效应的绿色建筑，留下宝贵的绿色建筑遗产。

一 智慧绿色场馆：国家速滑馆

● 国家速滑馆

国家速滑馆位于北京奥林匹克森林公园网球中心南侧，是北京赛区标志性的新建竞赛场馆，北京冬奥会期间承担速度滑冰项目的比赛。场馆采用全冰面设计，冰面面积约 1.2 万平方米，是亚洲冰面最大的速滑馆。能够举办速度滑冰等国际赛事，冬奥会结束后还可举办速度滑冰、花样滑冰、冰球、冰壶比赛，成为大众进行冰上活动的多功能场馆。

国家速滑馆的设计理念源于一个冰与速度结合的创意：22 条灯管"丝带"环绕着由 3360 块曲面玻璃围成的超大型幕墙，远远望去，就像速度滑冰运动员留下的一圈圈风驰电掣的轨迹，象征着速度和激情，也象征着北京冬奥会举办的年份——2022 年。"冰丝带"这个浪漫的名字也由此而来。

这座场馆有 4 大科技亮点：第一是超大曲面幕墙。通过玻璃幕墙的方式，使艺术造型与冰雪运动理念紧密融合在一起。第二是大跨度索网结构屋顶。国家速滑馆屋顶采用了世界上最大跨度正交双向单层马鞍形索网结构，长跨 198 米，短跨 124 米。索网结构用钢量约为传统屋顶的四分之一，节约建材。第三是"最快的冰"。国家速滑馆借助多功能全冰面制冰系统、室内环境控制和综合节能等关键技术，可精准控制冰面温度、湿度和稳定性等，使整个 400 米冰道的冰面温度相差不超过 1 摄氏度，这样制出的冰面更加光滑、平顺，更有利于运动员滑出好成绩，因此被称为"最快的冰"。第四是智慧场馆。在先进的信息技术的支持下，场馆建设中充分体现了"智慧性"。例如，数字冰场技术能够为运动员比赛和训练提供实时数据；冰面和比赛大厅装备的传感器能够实时感知冰的温度、空气温湿度等环境参数，通过设备自动进行调节。

● 国家速滑馆超大曲面幕墙

● 国家速滑馆索网结构铺装

● 国家速滑馆冰面

　　国家速滑馆按照绿色建筑三星级标准进行设计建设，绿色低碳可持续性措施主要有如下几方面。

节能方面

　　使用 LED 光源灯、制冰冷凝热回收技术等，节约能源。设立能源管控中心，监测场馆运行过程中的建筑能耗和碳排放。

节材方面

　　国家速滑馆的拼装胎架，从北京大兴国际机场航站楼等建设项目周转使用；预制看台板使用了废旧桩头粉碎制成的再生骨料，节约了混凝土用量约 18 立方米。

节水方面

　　使用雨水调蓄池、智慧灌溉系统节约水资源。

节地方面

　　选址采用 2008 年北京奥运会曲棍球、射箭临时场馆用地，不仅充分保留了原有 8000 平方米的绿地树林，而且妥善保护了用地内的文物古迹"兆惠墓碑"。

环境保护

　　采用目前世界上最为兼顾安全和环保的制冷剂，即二氧化碳制冷剂，是北京冬奥会保护臭氧层及应对全球气候变化的成功实践。

二氧化碳制冷剂：最清洁、最低碳的制冷剂

水—冰转化时需要制冷剂来辅助热交换。制冷剂的作用是在低温下吸取被冷却物体的热量，再把热量传给"外面"的水或者空气。

1985年，英国南极考察队队长法曼（J.Farman）首次对外披露，从1977年起就发现南极洲上空的臭氧总量在每年9月下旬开始迅速减少一半左右，形成"臭氧洞"，持续到11月才逐渐恢复。这个消息一传出，世界震惊。臭氧层是地球的"盔甲"，没有它的防护作用，宇宙射向地球的超量紫外线就会对生命造成损害。消耗臭氧的化合物，较大量来自空调等设备内的制冷剂，还有其他一些工业物质。

分解破坏臭氧层能力强的制冷剂物质具备2个特征：含一氧化氮（NO）、氯（Cl）、溴（Br）或另一种相似的原子，它们会使臭氧（O_3）变成氧气（O_2）；这些物质在低层大气中十分稳定，不会分解，从而上升到更高的臭氧层。我国积极研究和使用新型制冷剂，希望减少直至淘汰破坏环境的氯氟烃（CFCs）制冷剂。

二氧化碳制冷剂，其ODP(破坏臭氧层潜能值)为0，GWP(全球变暖潜能值)为1，无色无味、不助燃、不可燃，是最为兼顾安全和环保的制冷剂。简单来讲，是将液态的二氧化碳相变、蒸发、吸热，然后完成制冷和制冰的过程。在这个排热的过程中，热量可以被全部回收利用，用于冰面基础防冻胀、运动员生活热水、融冰池融冰、冰面维护浇冰、转轮除湿机再生等，冷凝热回收率最高达到86%，一年大概可以节约200万千瓦时电量。包括国家速滑馆在内的4个冰上场馆运用了二氧化碳制冷这项技术，这些场馆使用的二氧化碳制冷剂是从工业副产品中收集提纯获取。

二 优质居住条件：北京冬奥村

北京冬奥村和冬残奥村（以下简称"北京冬奥村"）位于北京市朝阳区北三环与北四环之间，总占地面积 5.94 万平方米，总建筑面积 33.11 万平方米，赛时为运动员和随队官员提供了 2338 个床位，冬残奥会赛时为运动员和随队官员提供了 1040 个床位。

北京冬奥村是北京冬奥会重要的非竞赛类场馆之一，赛时为各国运动员与随队官员提供住宿、餐饮、医疗等服务，赛后面向符合首都城市战略定位的人才配租，让北京冬奥会资产实现"可利用、可经营、可持续"。

● 北京冬奥村

北京冬奥村将可持续性理念贯穿于规划设计、施工建设的始终，达到国家绿色建筑三星级标准。以下是北京冬奥村的主要可持续性措施。

室内环境方面

优化室内空气质量，在房间内设置空气净化装置等设施，使室内 PM2.5 浓度日平均值小于等于 35 微克每立方米。

施工环境方面

研发了一种可通过手机控制降尘设备启停的软件，操作人员可根据空气质量检测仪反馈的信息，通过手机立即启动施工现场降尘设备，控制施工过程扬尘。

节能方面

在地下建筑中，运用光导管采光技术，将自然光引入地下，既实现了建筑节能，也满足了人们对自然阳光、空间方向感、白昼交替、阴晴变化、季节气候等自然信息感知的心理需求。

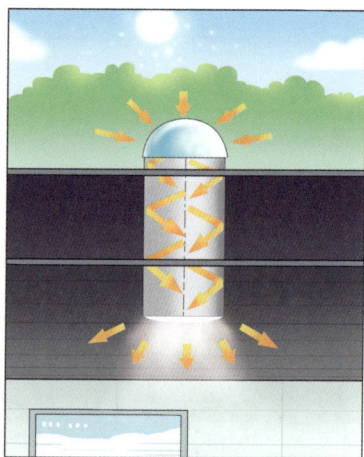

●光导管示意图

节材方面

场馆设计过程基于 BIM 技术（建筑工程智能控制管理技术）统计和分析，建设过程选取低碳材料和设备。

其他方面

利用能耗监控平台，对建筑运行过程中的能源消耗情况进行计量统计，以便对园区内的碳核算信息进行整体管理。

《绿色雪上运动场馆评价标准》

针对国内、国际缺乏雪上运动场馆绿色建筑评价标准的实际情况，为推动北京冬奥会雪上场馆的绿色建设，北京冬奥会创新组织编制了《绿色雪上运动场馆评价标准》，并作为北京市、天津市和河北省3个省市共同认可、共同遵守的区域地方标准，2019年1月1日起正式发布实施。评价等级分为基本级、一星级、二星级和三星级，将生态环境、资源节约、健康与人文、管理与创新等融入雪上运动场馆设计和建设环节，为国内、国际雪上运动场馆绿色建筑评价标准的建立和完善提供了有益借鉴。

2021年11月，该标准被中国工程建筑标准化协会评为"标准科技创新奖"（中国科技部批准设立）。北京冬奥会所有雪上场馆均满足该标准三星级要求。

● "标准科技创新一等奖"获奖证书

三 传统风貌展现：山地雪上场馆

北京冬奥会的雪上项目主要分布在延庆和张家口2个赛区。其中，延庆赛区共有2个竞赛场馆，举办3个大项（滑雪、雪车、雪橇）、4个分项（高山滑雪、雪车、钢架雪车、雪橇）、20个小项的比赛，冬残奥会时举办残奥高山滑雪项目的比赛。张家口赛区共有4个竞赛场馆，举办2个大项（滑雪、冬季两项）、6个分项（单板滑雪、自由式滑雪、越野滑雪、跳台滑雪、北欧两项、冬季两项）、50个小项的比赛，冬残奥会时举办残奥单板滑雪、残奥冬季两项、残奥越野滑雪3个项目的比赛。

延庆赛区、张家口赛区的场馆设计建设均通过了《绿色雪上运动场馆评价标准》三星级标准。雪道和建筑布局充分考虑对山地生态环境的影响，顺应自然条件，与山林融为一体。在满足比赛需求的前提下，严格控制建设规模。

延庆赛区、张家口赛区将可持续性理念贯穿于场馆规划设计、建设过程的始终。以下是延庆赛区、张家口赛区在山地生态保护方面采取的可持续性措施。

1. 延庆赛区首次将可持续性要求融入工程设计

北京冬奥会延庆赛区的设计团队认真研究《绿色雪上运动场馆评价标准》，首次在建筑工程设计中将可持续性要求作为专门内容，与建设工程同步提出相应设计要求。制定了赛区所要达到的工程建设内容和工程建设标准，明确了生态环境保护、能源资源利用、低碳排放、可持续性项目监管平台，以及遗产保护与赛后利用等可持续性设计的具体内容，并以此为依据获得场馆建设业主的可持续性专项工程投资。

2. 生态"山村"从一草一木着手

延庆冬奥村位于延庆赛区内。为了最大程度保护区域生态环境，建设单位和专业园林公司合作，对施工区域的树木品种、数量和分布进行普查，树木位置在设计图纸上进行重点标注。施工过程中，建设人员用密幕网将313棵原生树木作为景观留在原地保护起来，根据季节不同对树种浇水、施肥和治疗病虫害。对于无法原地保留的树木，建设人员将其近地移植或者迁到专用地块进行保护。

1　高边坡区域
2　雪道伐树范围
3　泉眼
4　近地生态保护小区
5　亚高山草甸区
6　动物通过区域
7　剥离条件一般区域
8　固定生态检测样地
9　调蓄水池
10　保护小区
11　表土剥离区
12　伐木施工范围
13　非表土剥离区
14　剥离条件良好区域
15　非剥离区

0 0.2 0.5   1km

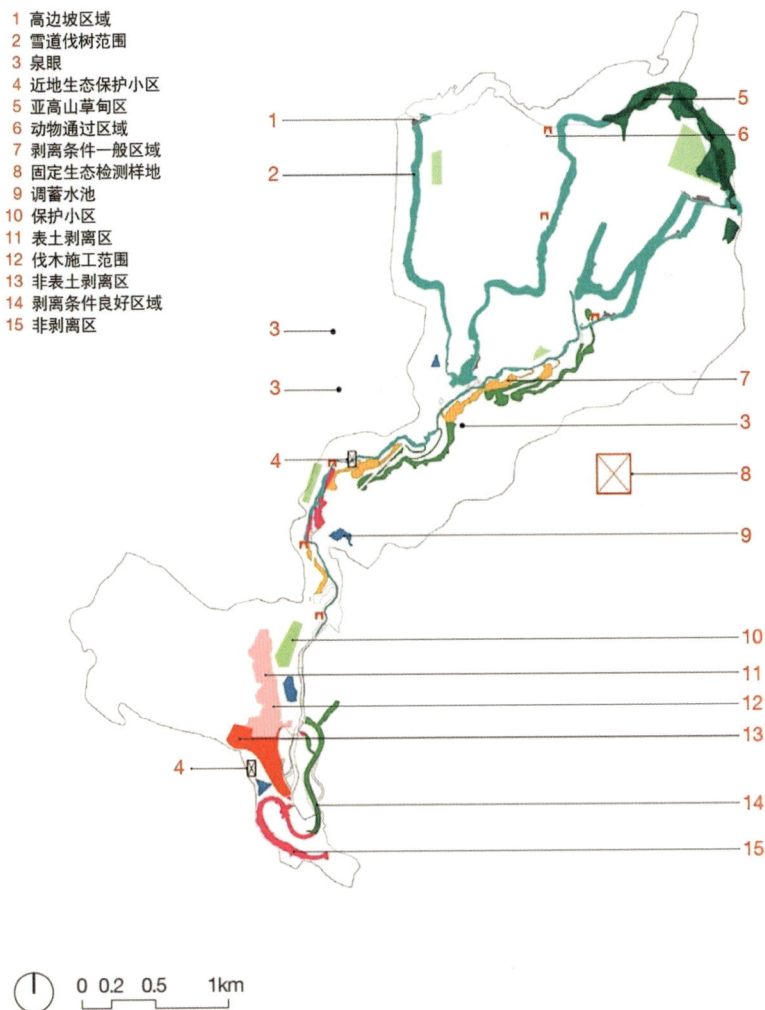

● 延庆赛区设计图中的生态保护措施

与以往奥运村常见的高楼大厦不同，延庆冬奥村是山地村落分散式半开放院落格局，整体建筑风格体现了中国北方的山村模式。"村落"依山形地势分布，掩映于山林地貌之中，让人体会到山村传统之美。在北京冬奥会后，美轮美奂的冬奥村将变身山地滑雪旅游度假酒店，为冰雪运动及山地活动爱好者提供服务。

● 延庆冬奥村

3.张家口赛区生态保护

张家口赛区各场馆主要在原有滑雪场和雪道基础上进行改造利用，也最大限度地保留了既有林木资源。同时，通过严格控制施工范围，合理安排施工道路，缆车及索道设计过程中落实避让次生林方案，临时工程优先考虑永、临结合等措施，降低施工对区域生态环境的影响。如，张家口奥体公司施工中尽量使用原有道路；国家跳台滑雪中心、国家冬季两项中心、国家越野滑雪中心，以及后续建设的"冰玉环"和综合管廊等项目施工中共用钢筋堆放区，减少临时占地。

张家口赛区采用高性能围护结构建设冬奥村，使建筑物的布局有利于建筑保温，传热系数比国家现行相关建筑节能设计标准高出 10% 以上。

第三节　优化升级：

改造场馆的可持续性措施

最大限度利用现有场馆、临时场馆和可拆卸的场馆也是北京冬奥会场馆的可持续性措施。通过改建场馆满足赛会需求，可以减少赛会基建投资，控制办赛成本，有利于场馆的再利用，最主要的是可以减少场馆建设过程中消耗资源、能源而产生的碳排放。

一　"水冰转换"：国家游泳中心

● 国家游泳中心

国家游泳中心位于奥林匹克公园 B 区西侧，与国家体育场（"鸟巢"）隔着马路遥相呼应，又称"水立方"，是 2008 年北京夏季奥运会游泳、跳水、花样游泳项目的比赛场馆。游泳运动员们曾在这里打破了 21 项世界纪录，这里曾被两届国际奥委会主席罗格誉为"设施最完善、开放程度最高、运营效果最好的奥运游泳馆"。

北京冬奥会期间，国家游泳中心再次担当重要角色——华丽变身为"冰立方"，成为北京冬奥会冰壶和轮椅冰壶的比赛场地。专门研发的"钢筋混凝土可拆卸支撑体系"，在冬奥会史上堪称世界首例。那么，在它的变身过程中都运用了哪些科技"大招儿"，又是怎样践行可持续发展理念的呢？

国家游泳中心是北京冬奥会第一家获得绿色建筑设计标识证书——绿色建筑二星级的场馆，同时也是北京冬奥会第一批使用绿色电力的场馆。

● 二星级绿色建筑设计标识证书

　　国家游泳中心在改造过程中，创造性地提出了"水变冰"的方案，以科研创新和新型科技运用为手段，使改造后的国家游泳中心成为世界上首座在泳池内搭建冰壶赛道的冬奥场馆。水冰之间的自由转换，还丰富了场馆的经营业态，形成一套融合场地功能转换、场馆经营模式转换，以及奥运场馆可持续运营发展思维转换的全新、全方位解决方案。

　　2019年12月，国际奥委会将"体育和可持续建筑"奖杯颁发给国家游泳中心，充分体现了对其可持续性的国际认可。国家游泳中心初次完成了"奥运标准"冰面的制冰工作，并成功举办了"冰立方"首场高规格冰壶赛事，成为世界上首个实现"水冰转换"的奥运场馆。

　　国家游泳中心在保留水上功能的基础上新增了冰上功能。水冰是如何实现转换的呢？原理是这样的，比赛大厅中部搭建了可转换结构，安装了可拆装制冰系统。把游泳池的水放空、排干，再把钢结构支撑体和混凝土面板安装完成，铺上可拆装的制冰系统和配套管线，制冰后形成具有4条标准赛道的冰壶场地。这种转换模式不仅实现了"水立方"与"冰立方"互换，还实现了转换材料重复利用，大幅降低后期拆除改造成本。

● 国家游泳中心"水冰转换"

　　国家游泳中心在实现其可持续性要求中，还注重发挥科技力量，通过技术进步创造可持续性奇迹。如，解决了"水冰转换"所需要的钢结构架体的减震问题，使冰面在冰壶滑行过程中平稳无振动；解决了在场地内如何控制湿度、温度、照度的问题；有效控制了场内回声等。

"冰立方"披上"空气外套"

"冰立方"是冬奥会历史上体量最大的冰壶场馆。如何实现节能环保，是场馆改造面临的一大难题。改建团队为此引入了"空腔降温"技术，相当于给场馆穿上了"空气循环制冷衣"，让空腔夹层内的热空气向上流动并与室外空气循环，由此可让空腔温度降低10摄氏度，"免费"为场馆降温，每年可降低综合能耗120万千瓦时。

国家游泳中心也充分考虑可持续性与科技的结合，采用网格化数据采集技术，开发冰壶运动轨迹的计算机仿真系统。这一系统可以实现球路预测，为冰壶训练和体验提供辅助决策的AR（即增强现实技术）应用，为场馆的日常经营和商业开发提供了新的视角。

二 文体融合：国家体育馆

国家体育馆位于北京市朝阳区奥林匹克中心区南部，是奥林匹克中心区的标志性建筑，总占地面积为6.87公顷，设有可容纳2万名观众的主场馆和可容纳2000名观众的副馆（剧场）。在2008年北京夏季奥运会期间，场馆承担竞技体操、蹦床和手球比赛项目，是中国代表团获得奥运金牌最多的场馆，所以被称作"金窝"和"福地"。

国家体育馆是北京冬奥会冰球项目的比赛场地，也是冬残奥会冰橇冰球项目的比赛场地。2018年12月28日，国家体育馆开始改造，主馆增加了能够举办世界级冰球赛事的标准冰面，并在场馆北侧扩建了一个冰球训练馆。改造后的场馆增加了许多可持续性特点。

采用"搭积木"的快速建造模式，通过模块化建筑和装配式内装系统技术，使用绿色环保、可持续循环利用的建筑材料，建造可装配式运动员更衣室。相比尘土

● 集装箱建造的运动员更衣室

飞扬、杂乱无章、噪声隆隆的传统施工现场，装配式施工现场更为绿色环保，而且在建造施工速度方面比传统建造方式快 50% 以上。

升级供电系统，通过更换变电设备，减少供电过程中的能源损失，体现了绿色环保的建筑理念。

国家体育馆的新增设施也充分考虑了文体融合发展的方向。冰球比赛需要在场中设置巨大的漏斗形中央吊斗屏，用于回放比赛。考虑到赛后体育馆会举办文化活动，需要为演出活动舞台、音响、灯光等设备预留一定的荷载，吊斗屏的重量也被严格限制。建设方通过计算机模拟技术，重新核算了场馆钢梁结构应力，保证了赛后活动的安全。国家体育馆还具备冰面、陆面快速转换的功能，可承接世界级陆上赛事、冰上赛事以及大型室内文化商业活动等。

● 赛场加挂的吊斗屏系统

三 功能多元：首都体育馆

首都体育馆始建于 1968 年，是一座综合性、多功能体育馆。1981 年，中国国家男子冰球队以这里为主场，实现了世锦赛从 C 组升级至 B 组的壮举，极大振奋了民族精神。2008 年，这里举办了北京奥运会排球比赛，中国女排获得季军。2022 年北京冬奥会，首都体育馆成为短道速滑和花样滑冰两项重要比赛的场地。

北京冬奥会结束后，首都体育馆仍承担夏季项目高水平比赛、冬季项目高水平比赛，如短道速滑、花样滑冰、冰球、冰壶项目的比赛和训练，也可成为大众健身、文体表演等活动场所。

● 首都体育馆外景

2018 年，首都体育馆开始实施改造。改造后的场馆保留了建筑原有外观，内部实现了巨大的提升。

统一整合室外交通线路。让周边的白石桥路、西直门外大街道路、园区内部场地道路、建筑内部

● 首都体育馆内景

通道的无障碍通道实现无缝衔接。

在场馆内设置专门的无障碍空间，比如，无障碍观众座席、无障碍卫生间等。

在场馆西侧增加两部无障碍电梯，按钮上镌刻盲文，电梯还具有语音提示功能。

● 斜向式无障碍升降平台

● 无障碍电梯按钮

想一想：

请你帮一所学校设计一个多功能体育馆

1. 能满足不同年级的学生在馆内打篮球的需求。

2. 能满足不同年级的学生在馆内打排球的需求。

3. 能够容纳全校师生在馆内召开大型会议。

请写出（画出）你的方案，注意标清楚电源的设置位置。

第三章　和谐共生：

北京冬奥会赛区生物多样性保护

　　北京冬奥会雪上场馆的选址主要是在山地森林中。保护区域内的生态系统、野生植物、野生动物，维护好生物多样性是北京冬奥会可持续性工作的重要内容。

　　本章主要从植物、动物、生态系统 3 个方面，介绍延庆赛区雪上场馆区域内的生物多样性，及针对保护植物、动物，维护生态系统多样性所采取的措施和取得的成效。

本章导读

　　延庆赛区所处的地理位置和气候条件，使其动植物种类分布呈现出哪些特点？有哪些植物或动物令你印象深刻？要保护赛区的动物和植物多样性，我们可以采取哪些措施？请带着这些问题阅读本章内容。

第一节　欣欣向荣：

植物多样性的保护措施

一　植物博览园：赛区植物多样性

　　北京冬奥会延庆赛区的植物资源相对丰富，分布着一些国家级和市级重点保护野生植物，从高等植物到低等植物种类繁多，包括高大的乔木、丛生的灌木、丰富的草本和藤本植物、藏在角落的苔藓和蕨类植物、小溪中的多种藻类植物等，就像一个典型的北温带植物博览园。

1. 乔木

延庆赛区的乔木有北京市二级保护植物核桃楸、脱皮榆、水榆花楸等，还有许多著名树种，如，常绿针叶树中的油松，落叶针叶树中的华北落叶松，落叶阔叶树中的华北五角枫、白桦、山杨、榆树、北京丁香、蒙古栎等。

乔木

具有明显的高大主干，树干和树冠有明显区分。乔木树体高大，可依其高度分为伟乔（31米以上）、大乔（21米—30米）、中乔（11米—20米）、小乔（6米—10米）等四级，它们占据了阳光最充足的高层生态位，根深叶茂，耐得住风吹雨打。根据树叶形状和冬季是否落叶的特点，北温带地区的乔木还被分成常绿针叶树、落叶阔叶树等。

● 山杏

● 北京丁香

● 榆树

● 蒙古栎

● 核桃楸

● 华北五角枫

● 黑桦

● 油松

● 白桦

● 脱皮榆

● 华北落叶松

● 山杨

2. 灌木

生长在林下的灌木耐阴性强，生长在森林边缘或中高海拔上坡的灌木喜阳、耐寒。

灌 木

是没有明显主干，近地面处基部发出多个枝干或呈丛生状态的木本植物，树高一般不超过5米。灌木在森林生态系统中占据树、草之间的生态位，种类比乔木要多。

● 土庄绣线菊

● 胡枝子

● 荆条

● 蚂蚱腿子

● 大花溲疏

● 金露梅

● 红丁香

● 六道木

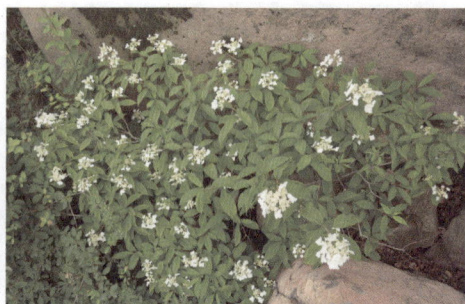
● 东陵绣球

3. 草本植物

草本植物相较于乔木和灌木来说，个体小，适应的生态环境复杂，它们的种类也最多。延庆赛区里的二叶舌唇兰等兰科植物，属于濒危物种，已被列为国家二级保护植物；黄精、沙参、华北乌头等草本植物，从古代就作为中药材被广泛应用。

草 本 植 物

指茎内的木质部不发达、含木质化细胞少、支持力弱的植物。草本植物一般都很矮小，寿命较短，茎秆软弱，多数在生长季节终了时地上部分或整株植物体会死亡。根据完成整个生活史的年限长短，分为一年生、两年生和多年生草本植物。

● 二叶舌唇兰

● 胭脂花

● 沙参

● 华北乌头

● 山丹

● 黄精

● 石竹

● 紫菀

● 短毛独活

● 北京水毛茛

● 铃兰

● 地榆

4. 藤本植物

延庆赛区的藤本植物有北京市二级保护植物穿龙薯蓣、党参和铁线莲等草质藤本，以及山葡萄、北五味子等木质藤本。

> ### 藤 本 植 物
>
> 指茎细长不能直立，须缠绕或依靠附属器官攀附支撑物向上生长的植物。按其茎的质地可分两类：一类是草质藤本（蔓草），茎细弱，一到两年生；一类是木质藤本，有攀缘或匍匐的木质茎，多年生。藤本植物在森林中填补了乔木、灌木之间的生态空间。

● 山葡萄

● 北五味子

● 铁线莲

● 党参

● 穿龙薯蓣

5.苔藓和蕨类植物

苔藓植物种类繁多，分布广泛，它们中的绝大多数生活在阴湿的环境中，是森林和湿地生态系统的重要组成部分。苔藓植物一般都有着很强大的吸水能力，在防止水土流失方面起着重要的作用。

延庆赛区的苔藓植物有一种叫作卷柏的，多生长在干燥的岩石缝隙或荒石坡上，蜷缩起来似拳状，耐旱力极强，在长期干旱后只要根系在水中浸泡后就可以舒展，故而得名。

蕨生长于海拔 200 米—800 米的山地阳坡及森林边缘阳光充足的地方，耐高温也耐低温。

苔藓和蕨类植物

苔藓植物是一类以配子体占优势的小型绿色植物，植株矮小，结构简单，没有真正的根、茎、叶的分化，靠孢子繁殖，无维管组织。苔藓植物在生活史中，产生胚，属于高等植物。

蕨类植物具有较原始的维管束，靠孢子繁殖。为多年生草本植物，少数一年生，陆生或附生。有根、茎、叶的分化，但茎多藏于地下，地上部分为叶片和叶柄。

● 垫状卷柏

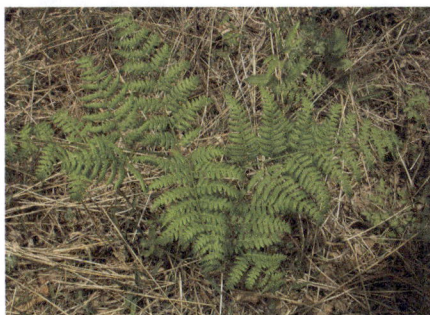

● 蕨

二 垂直地带性：赛区植物的分布规律

细心的登山者都有一种感性认识，山脚下林荫蔽日，越往高处，森林逐渐被低矮的灌木所代替，在高山山坡，就是低矮的草甸了。这种植被类型随海拔高度有规律垂直变化的现象，称为"植被垂直地带性"。延庆赛区地形复杂，赛区海拔高度变化大，以亚高山峡谷地貌为主，温度和水分条件的垂直变化，使这里形成了较为明显的植被垂直带。

延庆赛区海坨山的海拔从约 700 米直到 2198.4 米，高差非常大，温度、土质、水分、风力等自然因子也有垂直变化。山脚海拔在 700 米—1000 米，能见到成片集中分布的核桃楸林。核桃楸是北京市二级保护植物，也叫山核桃。这里还有着北京丁香、榆树、山杏和华北五角枫等阔叶乔木，油松等常绿针叶乔木，还有荆条、大花溲疏等灌木，以及穿龙薯蓣、南蛇藤等藤本植物和草本植物。

核桃楸

华北五角枫

北京丁香　　山杏

山杨

沿山而上，在海拔 1000 米—1700 米的山腰，能看到山杨、黑桦、脱皮榆等大乔木的混交林，混交林是由两种以上树种所构成的林分。

海拔 1600 米—1800 米有白桦、蒙古栎林，并有人工种植的华北落叶松。越接近山顶，天寒风大，乔木已经难以生存，这里是乔木分布的海拔上限。

蒙古栎

随着海拔越来越高，在 1700 米—2200 米，乔木逐渐过渡为灌木和草甸植物群落。常见的灌木有金露梅、胡枝子、红丁香、六道木等，其中胡枝子这种原生的乡土植物，是雪道生态恢复中的主要植物。

华北落叶松

黑桦

白桦

约 1900 米—2198.4 米分布着美丽的亚高山草甸。这一高海拔带植物的生长周期短，秋冬春季寒冷多风，因此草甸生态系统中的草本植物的生活期较短，从萌芽、长叶，到开花、结实，整个过程往往都集中在 2—3 个月内完成。北京冬奥会延庆赛区海坨山之巅，就有华北地区著名的"五花草甸"，每年 6—8 月，山顶山坡上

美丽的花海一望无际，五颜六色、万紫千红。这里的胭脂花、金露梅、银莲花、大叶秦艽、火绒草、翠雀、小丛红景天、岩青兰、银背风毛菊、瓣蕊唐松草、花荵、缬草等，都是非常美丽的高山花卉。

● 海坨山山脊的缬草

● 中山森林生态系统与亚高山草甸的过渡

各种植物并不是随海拔一刀切式的分布，也有上下扩展的情况，由于生长个体自身生理条件、生长小环境的不同，阴坡或阳坡的水、热条件不同，各种植物的分布有所变化。

三 原生态保护：保护植物多样性的具体措施

北京冬奥会延庆赛区场馆规划设计、建设施工中对植物采取了多项保护措施，最大限度减少对环境的扰动。

措施1：精细化设计减少林地占用

北京冬奥会山地场馆建设中非常注重保护原生森林，尽量减少占用林地。在设计雪道、道路时，对每一棵树都慎重考虑能不能避让、能不能原地保护。延庆赛区有索道15千米，只要是不影响缆车通行的，对索道下部的原生植物就只做修剪。还在施工区域划定了就地保护小区，作业方在施工过程中避让这些区域。

措施2：采取就地、近地和迁地三种方式保护赛区植物

延庆赛区内建设了5个就地保护小区。保护植物包括适合低海拔区域生长的核桃楸、脱皮榆、穿龙薯蓣、北京水毛茛等，适合中高海拔区域成片生长的五味子以及高山草甸区域的小丛红景天、狭叶红景天及黄芩等。在900米塘坝库尾森林溪流中进行北京水毛茛的近地保护。

近地移植的植物主要为藤本和草本植物。11027株灌草从冬奥赛区近地移植到了紧邻的松山林场，包括五味子、刺五加、穿龙薯蓣、二叶舌唇兰、党参等。

在小海坨山脚下的张山营镇，建成迁地保护基地达20公顷（300亩），迁地移植乔木24272株，成活率90.7%。移植树木种类为核桃楸、大果榆、北京丁香、大叶白蜡、华北五角枫、蒙椴、蒙古栎、小叶朴、白桦、油松、山杏、山桃等20多个树种。

赛区移植树木实现了"一树一档"。树木移植完成后，延庆区园林绿化局的工作人员给每棵

● 植物近地保护

● 延庆区张山营镇上板泉村迁地保护基地

树木建立了二维码管理档案，制作了二维码标牌，与树木对应挂牌，只需拿出手机一扫，立即呈现出这棵树的"电子档案"，树木所属的科目、树龄、移植过程视频、原高程位置、现高程位置等信息会一一呈现。为了这些移植树木能够健康成长，工作人员根据移植树木的生长情况实施浇水、封堰、立支架、垒树盘、清除杂灌、落叶乔木树干涂白、看护、病虫害防治等养护管理措施。这些植物都由专业园林单位精心养护着。

措施3：扩种繁育，补植赛区景观

延庆赛区场馆建设施工结束后，建设者采取措施恢复了很多赛区植被，补植了很多适合赛区环境的华北五角枫、油松等。油松是当地的原生乡土树种，四季常青，能够为北京冬奥会增添绿色景观。林业领域专家将部分采集到的野生植物种子或植株，拿回实验室进行培育，在苗圃中人工播种繁殖了脱皮榆、核桃楸、刺五加、五味子等保护物种，并回归到他们的原地——延庆赛区。

第二节 生机勃勃：动物多样性的保护措施

一 自然大乐园：赛区动物多样性现状

延庆赛区周边的野生动物种类也比较丰富，哺乳动物、爬行动物、两栖动物、鱼类等分布广泛，其中鸟类珍稀种类众多，昆虫种类非常丰富。

1. 哺乳动物

延庆赛区周边经常有中、小型哺乳动物出没。中型哺乳动物主要包括斑羚、狍子、欧亚野猪等。小型哺乳动物中比较典型的是赤狐、豹猫、猪獾和狗獾等。

哺乳动物

哺乳动物是进化历史上最高级的一类，因为能通过乳腺分泌乳汁来给幼体哺乳而得名。哺乳动物分为草食性、肉食性和杂食性3种类型。多数哺乳动物是体表被毛、运动快速、体温恒定、胎生的脊椎动物。

● 斑羚

● 豹猫

● 狍子

● 欧亚野猪

2. 鸟类

延庆赛区及周边分布有多种北京市级重点保护鸟类，其中有 8 种为一级保护鸟类、30 种为二级保护鸟类，均为飞行能力较强的种类。还有国家级重点保护鸟类金雕、白肩雕等，它们主要在该区域取食。陆禽仅有勺鸡。

● 勺鸡
（2018 年在延庆赛区周边活动时被红外相机拍到）

鸟 类

体表被覆羽毛，体温恒定，卵生，胚胎外有羊膜。一般前肢变成翼，有的退化。大多数飞翔生活。心脏有两心房和两心室，心搏快。骨多孔隙，内充气体。呼吸器官除肺外，还有辅助呼吸的气囊。

3. 爬行动物

延庆赛区分布的爬行动物主要包括蛇类和蜥蜴。其中，常见的蛇类有赤峰锦蛇、黑眉锦蛇、赤链蛇、短尾蝮、王锦蛇；常见的蜥蜴有宁波滑蜥、黄纹石龙子、山地麻蜥和丽斑麻蜥。爬行动物的活动受气候影响显著，夏季是爬行动物活跃的季节，其成长、繁殖多在此期间进行；秋末冬初到次年春季是爬行动物的"冬眠"时节。

爬 行 动 物

爬行动物多采用腹部贴地的运动方式，身体有鳞片，已经灭绝的恐龙和古老但仍然存在的鳄鱼，都是典型的爬行动物。爬行动物有四肢，其中蛇类的四肢已经退化。爬行动物体温不恒定，它们冷的时候会到有阳光的地方晒太阳取暖，热的时候藏到树荫下或者躲入洞穴中。爬行动物的繁殖方式一般为卵生，少数为卵胎生。

● 赤链蛇

● 短尾蝮

● 宁波滑蜥

4. 两栖动物

延庆赛区具备典型的山地溪流湿地生态系统，其中具有代表性的两栖动物有中国林蛙、中华大蟾蜍和花背蟾蜍。

两栖动物

两栖动物是从鱼类进化而来的、变温的四足脊椎动物，皮肤裸露，无毛无鳞片。它们在水中或湿润环境中产卵，卵孵化为幼体生活于水中，再经过一系列变态发育为成体，在陆地和水中都可以生活。

● 中国林蛙

5. 鱼类

延庆赛区还有不少鱼类。因地表水为浅表的季节性溪流，不适合大、中型鱼类生活，只有像麦穗鱼和拉氏鲅这样的小型淡水鱼类，它们分布广泛。

鱼类

鱼类是以鳃呼吸、通过尾部和躯干部的摆动以及鳍的协调作用游泳、凭上下颌摄食的变温水生脊椎动物。大部分鱼类是冷血动物，极少数为温血动物，用鳃呼吸，具有颚和鳍。

6. 昆虫

延庆赛区也有一些奇特的昆虫物种，如高山珍稀蝶类小红珠绢蝶。

昆 虫

昆虫是世界上种类最多的一大类动物。天上翩翩飞舞的蝴蝶、采蜜的蜜蜂、地上忙碌的蚂蚁、会"唱歌"的蟋蟀，还有讨厌的苍蝇、蚊子等，都是昆虫。它们的身体分成头、胸、腹三大部分。昆虫的卵孵化后要经历从幼体到成虫的"变态"过程。昆虫大多有 3 对足。昆虫多具有趋光性，夏天的晚上、野外的灯下，会看到很多昆虫被吸引过来。昆虫的飞行能力、视力、抗病能力、伪装能力等，都给仿生学带来很多启示。

二 积极应对：保护动物多样性的具体措施

延庆地区的动物种类极为丰富，赛区在场馆规划设计和建设中，对动物采取了多项保护措施。比如，加强对赛区生态环境监测、施工中减少对动物生活环境的影响、开展生物多样性宣传活动、建立野生动物通道、布设人工鸟巢、提升自然栖息地生态容纳量、重建两栖和爬行动物栖息地等。

措施1：加强对赛区生态环境监测

在赛区建设过程中，对重点基础设施的主体工程、临时工程施工场地的环境空气、地表水、环境噪声和施工场界噪声开展定期监测。2018年，延庆完成赛区生态环境监测站的建设工作，布设红外触发相机100台，并投入运营，用于监测赛区动物的行动轨迹。

措施3：开展生物多样性宣传活动

赛区定期对场馆施工单位管理人员和施工人员进行环境保护措施培训，组织编制《施工人员生态保护手册》，发放给施工单位在施工过程中使用，用来识别冬季的野生保护动、植物。赛区还加强公众教育，以提高野生动植物保护的社会认知度。

措施2：施工中减少对动物生活环境的影响

避免机械设备进入溪流河道，预防油污渗漏污染水体。夜晚施工期间，照明灯使用遮光罩，施工结束后及时关闭电源，减少对昆虫、鸟类等具有趋光性的野生动物的不利影响。

措施4：建立野生动物通道

对于两栖类、爬行类和小型哺乳动物，为避免新建路桥阻碍其迁移，新建或利用现有桥涵作为动物通道，为其自由通行提供便利。同时，在管涵入口处进行自然生境营造，吸引两栖类、爬行类和小型哺乳动物利用管涵作为通道和栖息地。延庆赛区共建设野生动物通道11个，便于野生动物在赛区穿行。

野生动物通道

野生动物通道，就像是公路或铁路上的过街天桥或地下通道，只不过走在通道上的主角不是人，而是动物。设计野生动物通道，首先要搞清楚动物会在哪些地方频繁穿越公路或铁路，必须要把通道给它们送到"家门口"；通道的形态和大小要满足不同动物的需求；通道的样式要能引导动物在不知不觉中穿过通道，跨过公路和铁路，需要在通道入口两侧保留自然生境。

荷兰是世界上第一批在国土上修建野生动物通道的国家。如今，荷兰境内已经拥有600多座"绿桥"，这些"绿桥"对各地区物种起到了连通纽带的作用，保证了地区生态平衡。

措施5：布设人工鸟巢

在赛区及周边通过布设人工鸟巢，在鸟类繁衍的季节给它们一个温暖的家，以帮助鸟类维持正常繁殖活动。这一措施可以补偿赛区鸟类繁殖地。

● 人工鸟巢中刚孵化出来的小鸟

● 人工鸟巢

措施 6：提升自然栖息地生态容纳量

结合森林生态系统经营方案，优化植物构成，种植结果实的乔木、灌木等乡土物种，如山荆子、花楸、野山楂、东北茶藨子、孩儿拳头、刺五加、北五味子、山杏等。这些植物既能美化景观、保持生态稳定，又能为鸟类提供充足的食物。

● 北五味子

● 山杏

措施 7：重建两栖和爬行动物栖息地

两栖和爬行动物会利用乱石形成的自然缝隙作为巢穴和冬眠地。施工人员根据爬行动物对石头堆的偏好，在赛区内蓄水池、景观水面和溪流交汇处入水口附近的水域，利用施工剩余的石块，为它们建设新的栖息地。这些石块能够满足两栖动物产卵与越冬需求，有助于夏季处于变态期的蝌蚪就近登陆，同时有利于维护和适当增加永久性水源地。

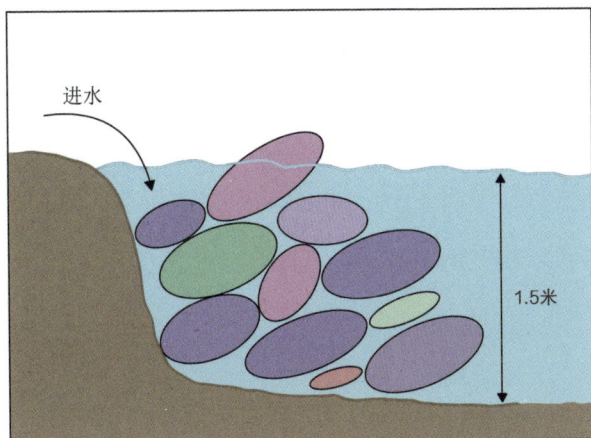

进水

1.5米

● 两栖动物越冬水池设计示意图

第三节　环境友好：

生态系统多样性的保护措施

生态系统指在自然界的一定空间内，生物与环境构成的统一整体，生态系统的和谐发展与人类生存息息相关。

一　地形与地貌：生态系统多样性现状

延庆地处北京市西北部，这里地形地貌复杂，分布有中山、低山和平原等多种地貌，这种拥有不同气候过渡带的山地区域，进一步造就了延庆赛区生态环境多种多样、生态系统种类众多的特点。

二　恢复与重建：保护生态系统多样性的具体措施

延庆赛区山地生态系统中，按不同地域、不同环境，可进一步分成土壤生态系统、湿地（河流水库）生态系统、森林生态系统、灌丛生态系统、亚高山草甸生态系统等。不同的生态系统中，生物种类及习性不尽相同，保护的措施也有所差别。

延庆赛区的场馆建设和运行中，采取了有效措施，保护区域环境中不同层次的生态系统。

表 土

在土壤生态系统中，表土是土壤表层大概 10 厘米—30 厘米的土壤层，这里的腐殖质等养分最多。表土肥沃，植物生长力就强；表土瘠薄，植物生长力就弱。如果破坏了表土，下部生土中的养分和土壤结构都不利于植物生长，生态环境就会退化。表土不仅有较多的有机质，还是土壤生物最多、植物种子最多的地方，是生物多样性的天然"种质库"，是生态系统保护和修复的重点。

措施 1：剥离表土保护土壤生态系统

为确保土壤不因建设而流失，生态不因施工而改变，延庆赛区场馆建设过程中，实施了一项很重要的生态保护措施——对赛道表土进行剥离、保存和利用。按照同区优先、需求优先、尽早利用、减少客土使用的原则，将剥离表土全部回用到生态修复工程中，同时也减少了外来生物入侵风险。延庆赛区在场馆建设前累计剥离表土 81848 立方米，剥离的表土全部回用于赛区景观重建和生态修复，有效地保护了区域生态资源。

具体实施步骤为：第一步，工人们把地表顶部约 20 厘米厚的土壤用铁锹铲起；第二步，将剥离后的表土装袋存放于指定位置，采用底部铺设垫木、表面苫盖雨布的方法进行贮存；第三步，在绿化工程中，把存放的表土作为种植土进行摊铺；第四步，随着表土中的种子萌发，表土回填的区域长出了赛区的原生植物。

● 人工剥离表土

● 表土装袋保存

● 治理效果（表土回用修复区）

● 表土回填

措施2：截、排水沟预防山洪破坏

山地雪场在初春时节会集中融化，一旦形成山洪，可能就会造成水土流失。在延庆赛区和张家口崇礼赛区，不仅注意减少场馆建设过程中可能产生的生态系统多样性影响，还特别采取了针对水土流失和山洪的预防措施。

为避免山洪造成水土流失、泥沙破坏、污染湿地生态系统等问题，赛区建设了截、排水沟，使雪水有序汇入山溪，人为制造不同支流汇入山溪的"时间差"。截、排水沟的建设本

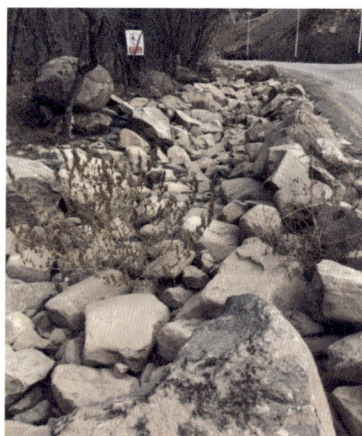

● 排水沟

身也体现着可持续发展理念，大多是利用雪道开挖时剩余的花岗岩石块修砌而成，既能节约水泥混凝土建材，也使沟壁和沟底基质完全为自然材料，有利于动植物的栖息和生长。

措施3：草皮回覆修复亚高山草甸

为保护高山滑雪中心临时道路施工占用的局部亚高山草甸，工人们预先铲起厚厚的草皮块，集中存放。待施工结束后，工人们又将草皮块回覆到作业面，恢复原来的自然环境。

措施4：修复赛区水系

水资源是一切生命活动得以存在的根本，是生态系统得以良性循环的基础。在延庆赛区场馆建设过程中，对区域内全部水系进行了再修复，采用仿生设计修复溪底和溪岸，并增加了多处水塘。

措施5："随建随修"让赛道边坡覆绿

为恢复山地赛区原有的生机，冬奥会建设者们采取了多种方式修复赛区生态。延庆赛区生态修复的区域多集中在国家高山滑雪中心的雪道及市政道路的边坡周边。生态修复工作一直遵循"随建随修"的策略，依据场地条件，对赛道、道路边坡、蓄水池周边等区域以及临时占地区采用因地制宜的修复方

2019年6月

2019年8月

2020年5月

● 2019年6月、8月以及2020年5月亚高山草甸回覆效果对比

79

案。张家口赛区也同样实施了生态修复措施。

例如，制作可降解的蜂巢格室，将混有原来山区草根、草种的原土固定；对于坡度较缓的地方，直接将之前剥离的表土铺上或覆盖新的土壤，然后按照原有的植被系统进行播种修复；对于 45 度以上土石或岩质边坡，则选择客土喷播的形式，将土壤、肥料、有机质、黏合剂和种子按适当比例混合后，按一定厚度用机械喷播至需要修复的坡面。经过修复的赛道和道路边坡等区域，再次呈现出绿意盎然、满目葱茏的优美景色。

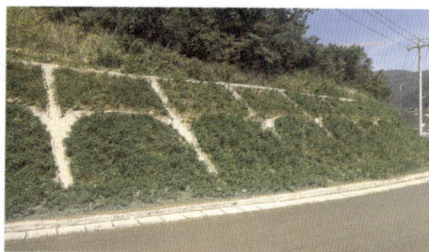

● 赛区生态修复

想一想：

离奇长出的植物

孙爷爷已经 87 岁了，从小在海坨山长大。年事已高的孙爷爷非常想再看一看海坨山上的花花草草。于是孙子小明特意从海坨山取了一些山上的土回来，放在爷爷的空花盆中。爷爷经常给土浇些水，会有什么奇迹发生呢？

下图是崇礼—延庆部分山地、村庄地形图，请看图回答

1. 一位植物学家带学生进行植物学考察，请问他们在 1、2、3 三个地点可能观察到哪些植物？

2. 当地政府希望在公路上为野生动物建设动物通道，你觉得在 a、b 哪个位置建设动物通道更为科学合理，你的依据是什么？说出自己的道理即可。

3. 结合本章内容，请你回答从海拔 400 米—2400 米，可能有几种生态系统？

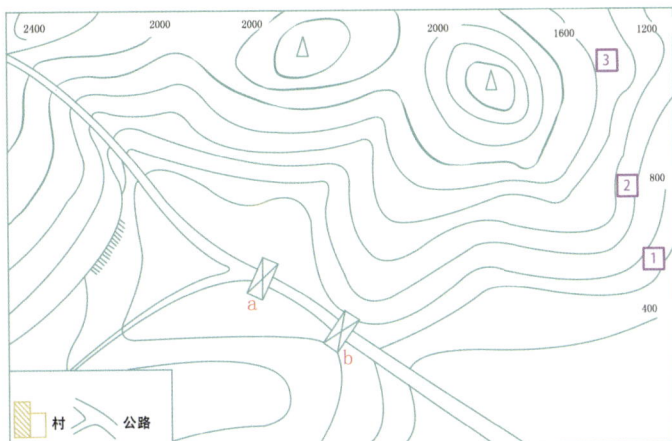

第四章 科技助力：
北京冬奥会的冰雪与水资源

　　水资源对冬奥会至关重要，无论是雪上项目不同类型的场地，还是冰上项目不同比赛的冰面，都需要使用一定量水资源进行人工造雪和浇注制冰。

　　北京冬奥会如何造雪、制冰？所用的水资源从哪里来？如何在造雪和制冰的过程中更加节约水资源？在办好北京冬奥会的同时，如何保障赛区生产、生活以及农业用水，北京冬奥会也积累了一些实践经验。

本章导读

　　人工造雪和制冰的原理是什么？造雪和制冰的水来自哪里？提供标准比赛条件的情况下，如何实现地区水资源的持续稳定？请带着这些问题阅读本章内容。

第一节 技术更新：

人工造雪和造雪用水

一 质量保障：为什么选择人工造雪

当你参加冰雪运动的时候，有没有想过赛场上的冰雪是从哪儿来的？"下雪了，赛场上就有雪了呗！"大家首先想到的肯定是天然降雪。北京冬奥会雪上项目比赛主要设在北京延庆和张家口崇礼山区，这两个地区有独特的气候条件，确实有较多天然降雪。

从延庆和张家口两地的气象条件看，近 10 年冬奥会和冬残奥会比赛期间，延庆的平均积雪深度 20 厘米，最大积雪深度为 65 厘米；张家口平均积雪深度 21 厘米，最大积雪深度为 49 厘米。而且，张家口和延庆两个赛区，都有着自己的小气候，

● 冰雪运动图景

每年都会下很多场雪。从气温看，2月4日至3月13日延庆赛区平均气温在–9.0摄氏度至–1.1摄氏度之间，张家口赛区的平均气温在–10.8摄氏度至–2.2摄氏度之间，非常适合冬季项目比赛。

特别是，张家口冬季较长，从每年的11月初持续到第二年4月初，张家口崇礼地区近10年雪季累计降水量达到514毫米，积雪期长达8个月，滑雪期达150多天。

这两个赛区看上去降雪量充足，就可以直接使用自然降雪了吗？

● 延庆自然风光

在冬奥会这样最高规格的冰雪赛事中，尤其是高山滑雪的滑降、超级大回转、大回转等项目，都要求雪道覆雪厚度在1.4米至1.6米，对雪道上雪的硬度也有一定要求。

为确保赛事所需的雪量充足、质量足够好，历届冬奥会的雪上项目都采用从异地调雪或人工造雪的方式解决雪道用雪问题。

举办时间	举办地点	主要问题	造成的影响及采取的措施
1932 年	美国普莱西德湖	气候反常，气温骤然升高，赛场冰雪消融	比赛项目在薄薄的残雪中进行
1964 年	奥地利因斯布鲁克	遭遇暖冬、积雪日渐融化	奥地利紧急动用军队从山顶运来 2 万立方米积雪"救场"
1988 年	加拿大卡尔加里	暖风吹化了赛场冰雪	赛程拖延了 16 天并搁置了不少项目，最后使用人工造雪机造雪，使高山滑雪等比赛能够继续进行

● 往届冬奥会为解决雪量不足问题所采取的措施

二　地表取水：造雪的水从哪里来

　　冬奥会赛事用水主要包括造雪用水、造冰用水和生活用水。冰球、冰壶、雪车、雪橇等赛场的造冰用水，均取自市政自来水。那么，造雪用水是从哪儿来的呢？

　　延庆赛区造雪用水主要来自赛区下游的佛峪口水库，同时，白河堡水库为备用

● 佛峪口水库

水源。张家口赛区造雪用水主要来自云州水库。北京冬奥会雪上场馆造雪水源主要是河湖水库的地表水。这些水源都是地表水，且经专家测算，延庆和张家口赛区造雪用水都不会影响地区的生产和生活用水。

● 云州水库

● 白河堡水库

想一想：
北京的初雪

查阅资料，统计北京近年来的初雪日期，举例说说哪几年的初雪到 2 月才来？

山地融雪水

如果高山滑雪中心赛场的雪化成了雪水，通过妥善的收集，雪水可以流到哪里去？又可以有哪些用途呢？

88

第二节　因地制宜：

人工造雪技术和节能措施

　　人工造雪这项技术，在北京冬奥会滑雪项目场地的建设过程中被广泛使用。人工造雪看似简单，但应用到冬奥会的赛场建设上，也有很多讲究和门道。

一　"喷水造雪"：人为模拟自然降雪过程

　　我们都知道，当自然界中的温度低到一定程度时，水蒸气就会凝结成冰晶，形成雪。人工造雪通常是指在一定气象条件下，人为模拟自然降雪的过程，其原理与自然界中雪的形成是相似的，也是通过水与空气的混合实现造雪，即把微细的水滴喷射或喷洒到冷空气中，实现由水滴到雪花的转变。

　　但是，造雪机的具体运行原理有所不同。有些造雪机先用喷嘴把水雾化，然后通过强力风扇把小水

● 造雪机

89

滴吹到空气中，小水滴在冷空气中凝结成冰，便形成了雪。也有些造雪机把来自高压水泵的高压水，与来自空气压缩机的高压空气在双进口喷嘴处混合，利用水的自然蒸发和压缩空气喷出后体积膨胀带走热量，使雾化的小水滴凝结成冰晶，在外部冷空气中进一步形成雪花。

应用上述两种原理的造雪设备正常运转，需要喷嘴外的空气足够冷，这样喷出的水滴才能更快降温，并被冻成冰。可以说，人工造雪效果受外部环境条件影响很大，寒冷而干燥的天气条件更适合人工造雪。除了空气温度和相对湿度这些最重要的指标外，风速、风向、气压等气象因素也对造雪有很大的影响。这些因素都会不断变化，因此，在人工造雪过程中要持续监测这些因素指标。

随着技术的发展，未来或许会出现不受气象条件限制的造雪技术。比如，在机器内把水冷冻成冰，再处理成类似雪花的冰片，造雪机直接喷出冰片，这样就可以避免因为气温过高而无法造雪的情况。

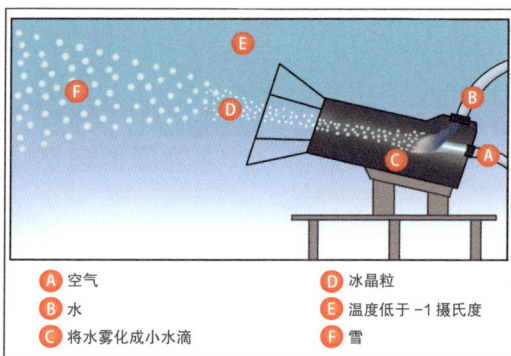

A 空气
B 水
C 将水雾化成小水滴
D 冰晶粒
E 温度低于 -1 摄氏度
F 雪

● 造雪机工作原理示意图

二　反复塑形：人工制造赛场冰状雪道

在冬奥会高山滑雪滑降项目比赛中，最高速度每小时可达 130 千米。如果是一般的积雪，先出发的运动员滑完了，雪道的形状就变了，后出发的运动员会面临雪道不光滑、不平整的问题，这就影响了比赛的公平性。因此，冬奥会高山滑雪项目的部分雪道，特别是回转处，要求表面必须保持结晶状态，近似于冰面，这种雪道被称为冰状雪道。

冰状雪道是怎么造出来的呢？它可不是人工造雪喷上雪粉、冰晶就行了，这只是第一步，即完成雪道造型；第二步，工作人员要像犁地一样，把雪道打开，将下层的雪翻上来，均匀、连续地向雪下 20 厘米—40 厘米处注水，同步测量注水水压，增加雪的含水量；第三步，在注水后，工作人员要通过反复翻压把湿雪搅拌均匀，再压平；第四步，平整后的雪道经过一段时间的板结和水下沉，表层雪会风化，形成软雪。之后，经过人工反复清除、精耕细作，才能最终呈现冰状光滑的雪道。

三　高效节能：实现"绿色"造雪

人工造雪会消耗一定能源。为实现绿色办奥的目标，需要提高造雪效率。北京冬奥会采取的相关措施包括：在造雪过程中因地制宜，选用高效造雪设备；合理控制造雪量，减少浪费；优先把风电、光伏等可再生能源用于人工造雪，通过使用清洁的可再生能源，使人工造雪变得更加"绿色"。

冰状雪道制作工艺

想一想：

高山滑雪与雪道

　　请你观看一段高山滑雪比赛，并思考如果赛道不是冰状雪道，运动员在哪个阶段的滑行对赛道的破坏最大？

什么时候造雪最好？

日期	11.7	11.8	11.9	11.10	11.11	11.12	11.13
气温（℃）	11/0	10/−1	10/−2	17/5	11/−1	12/1	11/0
空气相对湿度（级）	15%	14%	5%	25%	15%	5%	20%

上表是延庆某一周的天气预报，如果你是雪场的负责人，请问你会选择在哪天进行人工造雪？

第三节 精益求精：

制冰技术和节能措施

最早的冰上运动，均是在室外开展的。随着冰上运动的不断发展，为了让运动员更加安全、成绩更加稳定，冰上运动的各项赛事逐渐移入室内。这也使冰上运动朝着四季运动的方向发展。

冬奥会的滑冰、冰球、冰壶，还有带"雪"字的雪车、雪橇，都是需要用到冰的项目。各式各样的比赛用冰面，又是怎么制造出来的呢？

● 工作人员在清洁冰面

一 变水为冰：冰场制冰的原理和奥妙

冰场的下面是什么？冰场与冰箱的制冰原理是不是一样的？要想回答这两个问题，首先需要了解冰场是如何制冰的。

1. 冰场的结构

冰场的冰面下有着比较复杂的结构，最底层铺的是沙石，下面埋藏着排水管道，这是因为冰场在运行过程中会产生融水，需要一个排出的通道。往上一层是加热层，铺设保温加热的材料，一般为水泥，防止上面的冷却装置把冰面以下的部分冻裂。加热层上面是隔离层，隔离层可以使冰面按需要膨胀收缩。再上面又是一层水泥，里面埋藏着网状的管道，这些管道里循环的是冷却液。制冷装置就是通过冷却管道里的冷却液，来达到维持冰面温度低于 0 摄氏度的目的，这和冰箱的工作原理是一样的。

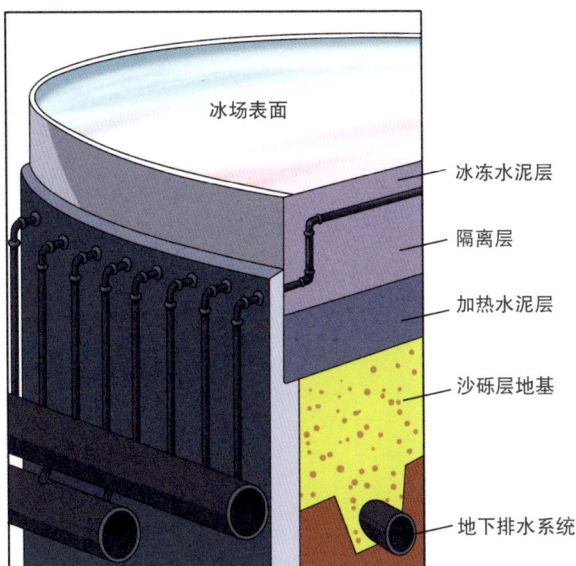

冰场表面

冰冻水泥层

隔离层

加热水泥层

沙砾层地基

地下排水系统

● 冰场结构示意图

2. 制冷剂的选择

本书第二章中，介绍了二氧化碳制冷剂在国家速滑馆等场馆的应用。在这些场馆中，二氧化碳不仅起到了制冷剂的作用，即通过在蒸发器中汽化时吸热，在冷凝器中凝结时放热，实现制冷的效果；同时，二氧化碳还充当了冷却"液"（载冷剂）的角色，在冰面下方埋藏的网状管道中"流淌"。

一般情况下，由于成本、工作状况的不同，制冷剂和载冷剂往往选用不同的物质。从原理上讲，制冷剂和载冷剂都是实现吸放热功能的介质，因此，二者统称为"冷媒"。不同的是，制冷剂一般工作在制冷设备当中，而载冷剂一般工作在导热管线之中。从理论上讲，只要具备蒸发压力高、蒸发释放的内能大、凝结温度高、冷凝压力低等特点的物质，就可以成为冷媒。因此，人们选取过很多种物质作为冷媒。

19 世纪 30 年代，人们发现通过橡胶的硫化工艺，可以提取出二乙醚作为制冷剂。整个 19 世纪，人们尝试过酒精、硫酸、汽油、氨等各类制冷剂。早期，由于冷媒的性质不够稳定，有的毒性很大，使用起来并不安全。

1930 年，梅杰雷和助手在美国化学学会年会上选出氯氟烃 12 作为冷媒，并于 1931 年得到商业化开发。1932 年，氯氟烃 11 也被商业化应用推广。随后，一系列氯氟烃陆续得到了开发，最终氯氟烃成为 20 世纪主要的冷媒。然而，这种制冷剂的问题在于会破坏臭氧层。为解决这一问题，人类一方面积极寻找新的冷媒；另一方面也在不断改进氯氟烃，使其化学性质更加稳定，以减少对臭氧层的破坏。

制冷剂的命名

在一些新闻报道中，你会看到制冷剂的命名，一般都是 RXXX，具体编号规则其实是根据它的化学式或者类型而确定的。对于有的制冷剂，你看到它的编号就可以写出它的化学式了。

（1）无机化合物。其简写符号规定为 R7( )，括号代表一组数字，这组数字是该无机物分子量的整数部分。

（2）卤代烃和烷烃类。烷烃类化合物的分子通式为 C_mH_{2m+2}；卤代烃的分子通式为 $C_mH_nF_xCl_yBr_z(2m+2=n+x+y+z)$。

（3）非共沸混合制冷剂。其简写符号为 R4( )，括号代表一组数字，这组数字为该制冷剂命名的先后顺序号，从 00 开始。

（4）共沸混合制冷剂。其简写符号为 R5( )，括号代表一组数字，这组数字为该制冷剂命名的先后顺序号，从 00 开始。

（5）环烷烃、链烯烃以及它们的卤代物。简写符号规定：环烷烃及环烷烃的卤代物用字母"RC"开头，链烯烃及链烯烃的卤代物用字母"R1"开头。

（6）有机制冷剂。其简写符号在 600 序列任意编号。

二 精雕细琢：冰面浇筑的过程

一般情况下，冰场的制冰过程就是浇水，待水凝结成冰，平整冰面，在冰面上再浇水，再凝结成冰，再平整冰面。冰场制冰，最困难的是让冰面保持水平或者造出特定的形状，这就要看制冰师的技术了。国际上，制冰师一共分四级，其中四级最高，四级制冰师可以说是制冰界的大师。

不同的冰上项目，对冰面的要求不尽相同。其中，冰壶的赛道对冰面平整度的要求最高：冰面厚度在 4 厘米—5 厘米，赛道形成两边高、中间低的"U"形，在起始端的选手投掷区和冰壶最终"归宿"的大本营区冰面要略厚。这种特殊的设计标准，对制冰师的专业水平要求是非常严格的。冰壶场地的冰层是分层制备的，最底部的冰层一次制成的厚度比较大，用的水也没什么讲究，这样相对经济，也更加节约能源和人力。上层的冰面则是用纯净水制成的。下层冰面制好后，要在上面刷一层白漆，这也就是冰壶赛道为什么都是白色的原因。

● 首都体育馆冰面

首钢一线工人的"冰雪奇缘"

刘博强原先是首钢的老职工，现在是国家体育运动中心的一名制冰师。

他曾在短道速滑和花样滑冰训练馆参与制冰、扫冰，如今在冰壶馆工作。冰壶馆对冰面要求最高，哪怕只是冰面1摄氏度的温差、1毫米的平整度偏差，都会影响到运动员水平的发挥。冰壶比赛的冰面并不平整，而是在一层"冰点"上进行，扫冰就是重新创造"冰点"的过程，即推掉"冰点"，让冰场恢复平整，清理完毕后再重新"打点"。其中第一步最难，平整度要求正负差2毫米以内。因此，这一步骤需要由来自加拿大的四级制冰师吉米完成。随后，刘博强会用拖把将冰霜清扫干净。经过反复学习，刘博强已经可以熟练"打点"：一条道要"打点"2次，第一遍用凉水打，用时45秒；第二遍用热水打，用时30—35秒。冰壶馆共有6条道，每扫一次冰需要耗费1到2小时左右，扫冰时间随国家队训练情况而略有调整。

虽然辛苦，但刘博强很珍惜这样的历史机遇："前几天吉米问我，你有梦想吗？我说还真有，近期就希望能当个合格的制冰师，保障国家队训练。再往后，要是2022年能跟团队一起服务北京冬奥会，那可太牛了！退休后咱都能说道说道！如果能在这个行业继续干下去，也挺好的。"

在2017年以前，刘博强还从未关注过冰雪运动，当时，首钢召集想要学习制冰的师傅时，刘博强甚至想："首钢难道要制冰棍儿？"而现在刘博强还会自己上手打打冰壶。当被问及水平怎么样时，刘博强笑称："现在已经是一名合格的跨界、跨项选手了！"

（资料来源：国家体育总局冬季运动中心）

三　余热回收：帮助冰场实现节能环保

制冰过程也需要消耗能源，节约能源自然要从减少制冰的能耗上入手。一般情况下，合理选择制冷剂是减少制冰能耗的主要方法。北京冬奥会的冰上场馆选择二氧化碳和 R449（一种混合制冷剂）作为制冷剂，这两种制冷剂的制冷效率都比较高。

此外，在制冰的过程中，充分利用场馆制冰过程中冷凝产生的余热，也是一项重要的环保措施。在制冰时，由于水蒸气冷凝，从而大量释放热能。一些场馆回收这部分热能用于运动员生活热水、融冰池融冰及冰面维护浇水，减少这些环节的能源消耗。

想一想：

冰壶如何在冰上跑

1. 为什么说冰壶馆的制冰工作是一项技术活儿？

2. 冰壶鞋与一般的运动鞋有何不同？为什么？

3. 冰壶比赛中运动员要不停地擦冰面，这其中的原理是什么？

结合制冷剂命名规则，回答下列问题

1. 二氧化碳制冷剂的编号是多少？

2. 部分场馆使用 R448 或 R449 作为制冷剂，请问它们属于哪种制冷剂？从字面意义理解，共沸制冷剂中的"共沸"指的是它的什么性质？"共沸"有什么好处？

第四节 资源节约：

冰雪场馆的水资源保护

为了保障赛事举办与区域社会、经济和环境的可持续发展，北京冬奥会场馆采取了一些措施来节约和循环利用水资源，建设"海绵赛区"。

一 收集拦蓄：融化的雪水不浪费

造雪的用水量较大，必须高效循环、进行处理后回收利用。张家口赛区的云顶和古杨树场馆区域均修建有蓄水池或塘坝，以拦蓄融雪水、汛期雨洪水，最大程度实现对融雪水、雨水的收集，以及净化后再利用，减少对地下水的开采。相比于张家口赛区，延庆赛区修建的拦蓄水设施总体容积更大。在延庆小海坨山南坡，海拔900 米、1050 米、1290 米处，共有两个蓄水塘坝和一个蓄水池，从空中俯瞰好像山间的"三盆水"。这"三盆水"加起来，蓄水的有效库容一共是 17.2 万立方米。其中海拔 900 米处的蓄水塘坝位于国家雪车雪橇中心和延庆冬奥村中间，水面相对开阔，还可作为景观水库，成为赛区景观的重要组成部分。

● 延庆赛区塘坝

蓄水池、塘坝、水库

塘坝是山丘地区的小型蓄水工程。容积小于 1 万立方米的称"小型塘坝"，1 万—10 万立方米的称"大型塘坝"。比塘坝更大的蓄水工程是水库，最小容积为 10 万立方米。

蓄水池是用人工材料修建、具有防渗能力的蓄水设施，根据地形和土质条件可以修建在地上或地下，即分为开敞式和封闭式两大类。一般情况下，蓄水池要比塘坝小。

二 处理回用：赛区污水再利用

延庆赛区还有污水收集与处理系统，可实现污水全收集、全处理。其中，生活污水直接进入一体化污水处理设施；洗车污水经沉淀进入污水处理设施；赛区污水全部收集后，进入赛区污水处理设施进行处理。经过处理的污水用于工地降尘、冲厕、绿地浇洒、景观造雪，剩余部分则收集到塘坝，由赛区统一调配。

三 恢复植被：促进雨水下渗

延庆冬奥村和停车场等处的裸露地面，采用土石和乔灌草植被进行生态修复，利于雪水和雨水缓慢渗透。下页图中显示的，是采用"海绵赛区"的理念进行生态恢复的延庆赛区高山滑雪赛道。被灌木和青草覆盖的赛道，经过雪水和雨水的入渗、蓄积形成土壤水分，能够净化、维护生态用水，形成涓涓细流排放。除了加强渗透的作用以外，赛道地表的植物枝叶还可以拦截、减缓水流，即使遇到夏季暴雨也不会形成洪水。

● 夏季被青草覆盖的延庆赛区高山滑雪赛道

"海绵城市"与"海绵赛区"

海绵可以逐步积蓄水分，缓慢释放。如果城市像一块巨大的海绵，那么暴雨经过吸收，就不至于形成短时猛烈的洪水。这些雨水随后也可以有序地按人们的需要加以利用。

"海绵城市"的理念是当今国际和中国城市建设的热点。实际上，前文中我们提到的赛区避免山洪破坏、加强非传统水源利用的各种措施就是"海绵城市"理念的实际应用。对于赛区而言，建设海绵城市（赛区）的意义还在于，加强雨水的渗漏，使雨水更好地渗入地下，补充地下水资源，从而保护赛区雪道和道路边坡。冬季天气寒冷，水无法渗透，但是雪融化后可以进行回收再利用，达到海绵吸收的效果，为冬季造雪节省水资源。

四 控制污染：减少融雪剂使用

相较于夏季奥运会，冬季奥运会最大的视觉特点就是壮阔的冰雪景观。但是当出现降雪天气时，如果不能及时清理室外座席、人行通道、车辆行驶道等区域的冰雪，就会给人员、车辆的安全以及赛事运行带来很大风险。因此，工作人员需要在第一时间清理室外座席、人行道以及必要的集散广场区域，还要在楼梯、进出口等人多易滑区域铺设防滑垫等辅助设施，尽量减小降雪对场馆内运行秩序的影响。

为了保护生态环境，北京冬奥会赛区专门制定了扫雪铲冰的执行方案。北京冬奥会雪上场馆禁止使用非环保型融雪剂；绿地、绿化隔离带禁止使用融雪剂，人行步道、广场等区域严格控制融雪剂的使用量，道路、桥梁和停车场等区域尽量减少融雪剂的使用量。

● 组合式机械扫雪铲冰作业

第五章　绿色发展：
北京冬奥会低碳行动

气候变化是当前全球共同面对的挑战。不断加剧的气候变化和极端天气事件已严重影响人们的生产生活，也对冬季运动造成了极大的威胁。北京冬奥会申办时承诺：适应气候变化和减少碳排放将成为北京冬奥会筹办过程中的重要要求。

为了实现北京冬奥会在申办时提出的低碳目标，北京冬奥组委采取了一系列碳减排和碳中和措施。这些实践不仅让北京冬奥会更加"绿色低碳"，也将对区域发展和人们生活产生深远的影响。

本章导读

什么是气候变化？气候变化会对体育运动产生什么影响？北京冬奥会为应对气候变化做出了哪些努力？我们可以为应对气候变化做出哪些贡献？请你带着这些问题阅读本章内容。

第一节 影响与挑战：

气候变化与奥林匹克运动

一 亟待解决：气候变化带来的问题

气候变化是地球大规模、长时期内气候模式和平均温度的变化。在地球漫长的演变过程中，气候系统始终处在不断变化之中。约11000年前的上一个冰河时期之后，地球的气候已经相对稳定。然而，随着工业革命的开始，全球平均气温开始稳定上升。比起进入冰河时期等由于地质变化而引发的气温改变，工业革命以来的气温上升幅度更大。

● 北极冰川的减少影响北极熊的生存

气候变化不仅仅是平均气温升高的问题，其影响是多角度、全方位、多层次的，如近年来频发的极端天气事件——厄尔尼诺现象、拉尼娜现象、洪水、风暴、干旱、热浪、漫长的冬季结冰，以及由此带来的粮食减产、海平面上升、冰川退缩、湖泊水位下降、湖泊面积萎缩、冻土融化、物种灭绝等全球性问题。

自1979年第一次世界气候大会召开以来，全球气候变化问题逐渐引起国际社会的普遍关注。随着1992年《联合国气候变化框架公约》的发布，应对气候变化成为国际共同关注的重要议题。2015年12月，《联合国气候变化框架公约》的近200个缔约方在巴黎气候变化大会上达成《巴黎协定》，为2020年后全球应对气候变化行动做出安排。

第一次世界气候大会

1979年2月，在日内瓦召开了第一次世界气候大会。会议由世界气象组织主持，并得到粮农组织和其他许多国际组织的支持与赞助。大会共进行两周，第一周内大会发布了26篇专题报告，科学家提出了大气二氧化碳浓度提高将导致地球升温的警告；第二周与会成员分组对《世界气候大会声明》和《世界气候计划》的草稿进行讨论和修改。在大会通过的《世界气候大会声明》中，着重阐明了当时学者们对世界气候变化的一致看法，这也是气候变化第一次作为一个受到国际社会关注的问题被提上议事日程。

《巴黎协定》

《巴黎协定》是《联合国气候变化框架公约》进程下得到最广泛支持的合作协议。该协议设定了强化且更加具体的全球行动目标，建立了不断提高各方行动力度的机制，并决定加强关于应对气候变化的行动。该协议为全球气候合作奠定了坚实的基础，也指明了未来的行动方向，对全球气候合作具有重要意义与影响。

二 关系密切：气候变化与体育运动

气候变化也对全世界的体育运动产生了巨大影响。高温、暴雨、持续干旱和海平面上升等极端天气事件，正越来越多地影响着体育运动的举办地点、举办时间和举办方式。

尤其需要关注的是，雪上运动的比赛场地正在消失。在欧洲大陆，海拔低于1000 米的滑雪胜地正处于危险之中。未来，年平均气温每升高 1 摄氏度，雪线会上移 150 米。由于积雪的减少，苏格兰的滑雪产业可能会在 50 年内消失。雪上运动的比赛时间也正在改变，低海拔地区降雪减少会推迟和缩短滑雪季节。此外，极端天气还会影响运动员的运动表现和观众观看运动赛事的体验。

因体育运动产生的出行、能源消耗以及其他形式的消费活动，也会排放一定量温室气体。因此，体育运动的组织者有责任降低运动行为对气候变化的影响，并采取措施适应气候变化。

三 积极应对：奥运会与气候变化

国际奥委会努力通过应对气候变化来实现奥运会的可持续性。1994年，国际奥委会把环境列为继体育、文化之后的奥运会第三大支柱；1999年，国际奥委会通过了《奥林匹克21世纪议程》，明确了奥林匹克运动要全力推动可持续发展和环境保护；从2002年盐湖城冬奥会开始，之后的历届奥运会均加强了对自身碳足迹（个人或团体的"碳耗用量"）的管理；2014年，在摩纳哥举行的第127次国际奥委会全会发布并通过了《奥林匹克2020议程》，第一次提出可持续性概念。其中，应对气候变化是奥运会可持续性的重要内容。

2018年12月，国际奥委会等国际体育机构和联合国气候变化框架公约秘书处，在卡托维兹气候变化大会上启动《体育促进气候行动框架》。该框架旨在推动减少体育活动中产生的二氧化碳排放，并利用体育的受欢迎程度和人们对于体育的热情来吸引数百万体育迷参与这项工作。该框架有两个总体目标：确定全球体育界应对气候变化的明确轨迹；利用体育作为团结工具，推动全球公民的气候意识和行动。

想一想：

奥运会与气候

通过查找资料，分别在世界地图上用红点标出近10届夏季和冬季奥运会的举办地，同时查出每个举办地的海拔高度，思考以下问题。

1. 如果海平面上升，哪些城市最先受到影响？是夏奥城市，还是冬奥城市受到的影响更大？

2. 近10届冬奥会的举办地中，属于大陆性气候的城市有几个？

3. 气候变暖对这些奥运会举办城市的影响与对其他城市的影响有什么不同？请谈谈暖冬的危害。

第二节　节能与减排：

北京冬奥会的低碳行动

　　北京冬奥会申办时提出加强碳管理、举办低碳奥运，力争实现碳排放全部中和的目标。北京冬奥组委通过采取低碳场馆、低碳能源、低碳交通、低碳办公、低碳倡导等一系列碳减排和碳中和措施，降低北京冬奥会筹办和举办过程中产生的温室气体排放。那么，具体措施有哪些呢？

一　标准化管理：低碳的场馆

碳减排和碳中和

　　碳减排，顾名思义，就是减少二氧化碳等温室气体的排放量。随着全球气候变暖，二氧化碳等温室气体的排放量必须减少，才能缓解人类的气候危机。

　　碳中和是指企业、团体或个人测算在一定时间内直接或间接产生的温室气体排放总量，通过植树造林、节能减排等补偿方式，抵消减排措施实施后最终排放的二氧化碳，实现二氧化碳"零排放"。

　　碳中和作为一种新的可持续性目标，目前已经被越来越多的大型活动和会议采用。碳中和能够推动绿色的生产、生活、消费，实现全社会绿色发展。

1. 应用超低能耗技术

随着北京冬奥会工程顺利完成，3 项超低能耗低碳示范工程落地，包括北京冬奥村和冬残奥村综合医疗诊所、延庆冬奥村和冬残奥村 D6 居住组团、五棵松冰上运动中心。

这些工程应用了一些超低能耗的技术：一是高效的外保温，即建筑的保温层比传统建筑的更厚，保温效果更好，可以降低室内能耗；二是被动式外窗，通过隔热涂层、窗框内加注惰性气体等方式，使其传热系数更小、隔热性能更好；三是安装新风热回收装置，装置热回收效率大于等于 75%，实现热能再利用；四是实现高效的气密性；五是采用高效节能设备。

北京冬奥村综合医疗诊所示范建筑面积约 1358 平方米，最大限度地降低建筑供暖供冷需求，并充分利用可再生能源（太阳能生活热水系统和空气源热泵），相比于北京市现行公共建筑节能设计标准建筑节能率为 51%，预计年节约标准煤 25 吨，折合减排二氧化碳 42.4 吨。延庆冬奥村和冬残奥村 D6 组团建成超低能耗示范面积 10856.22 平方米，相比于国家现行公共建筑节能设计标准建筑节能率为 61%，预计年节约标准煤 297 吨，折合减排二氧化碳 755 吨。五棵松冰上运动中心建成超低能耗示范面积 38960 平方米，由于采用了更好的围护结构，并应用了可再生能源，运行阶段预计年节约标准煤 1174 吨，折合减排二氧化碳 2927 吨。

2. 推动场馆低碳节能建设、改造

北京冬奥组委组织有关部门创新研究制定了《绿色雪上运动场馆评价标准》，将可持续发展、节约资源、减少碳排放的保护环境理念融入雪上运动场馆规划设计、建设和运营的各个环节。北京冬奥会的所有场馆，在设计和建设阶段必须满足低碳、节能、节水的相关标准。其中，新建室内场馆全部达到绿色建筑三星级标准，新建雪上场馆达到绿色雪上运动场馆三星级标准，既有场馆通过节能改造，全部满足绿色建筑二星级标准。北京冬奥会在雪上运动场馆绿色建筑方面进行的有益探索，也为国际雪上运动场馆绿色建筑标准完善提供了经验借鉴。

"雪如意"——"绿如意"

位于张家口赛区的国家跳台滑雪中心是我国首座跳台滑雪场地，它依托山体的自然落差而建。跳台剖面的S形曲线，融入了中国传统吉祥物件"如意"的造型，故又名"雪如意"。

"雪如意"满足绿色雪上场馆三星级标准要求。施工过程中，为最大限度地减少对自然山体的破坏、最大限度地利用开挖土石方，并尽可能对改造山体进行生态修复，建设单位采用了格宾再造技术。格宾再造技术是指对切削后的碎石和土壤进行筛选，并合理组合填充到格宾网箱中，形成支护体系，再种植适应当地气候的植被，以实现生态恢复的目标。

为减少资源消耗，建设方摒弃传统的扣件式、碗扣式脚手架，100%采用承插式、盘扣式支撑体系，节约用钢量约50%。支撑体系主龙骨采用铝合金复合型材，避免了传统施工工艺中使用木方作为主龙骨产生的材料消耗和环境破坏问题，并节约木方约315立方米。

同时，风能、太阳能等一系列清洁能源和循环利用技术的使用，使得"雪如意"成为"绿如意"。

● 国家跳台滑雪中心

3. 使用装配式建筑及建筑垃圾的回收利用

延庆赛区的国家高山滑雪中心采用装配式平台实现可逆式建造，每个功能区都由预制装配结构架设而成，沿山体地形穿插叠落于山谷之中，必要时可以分解移除，恢复地形原貌。

张家口赛区的云顶滑雪公园在设计建设的过程中，总体考虑施工区域挖填平衡。山石在赛区就地利用，用于建设挡墙、造雪设备深水井、排水沟等。云顶滑雪公园基本实现了土石方平衡。

4. 推进场馆运行能耗和碳排放智能化管理

在日常管理中，可通过建筑工程智能控制管理技术（BIM 技术），在计算机中建立一座"可视化"的多维度建筑虚拟模型。利用能耗监控平台，可对建筑运行过程中的能源使用情况进行监测、统计，实现碳核算数据的采集、处理和查询等管理功能。该项技术在北京冬奥会场馆建设和改造过程中得到了广泛的应用。

BIM 技术还能为优化建筑结构、节约建筑材料提供支持，如国家会议中心二期，通过 BIM 技术优化了建筑应力结构，节约材料的同时提高了建筑的结构强度，可减少建筑物在全寿命周期内的大修次数，降低二氧化碳排放。

5. 强化废弃物回收利用管理

北京冬奥会的废弃物全流程分类管理包括：分类投放、分类收集、分类运输、分类处理。

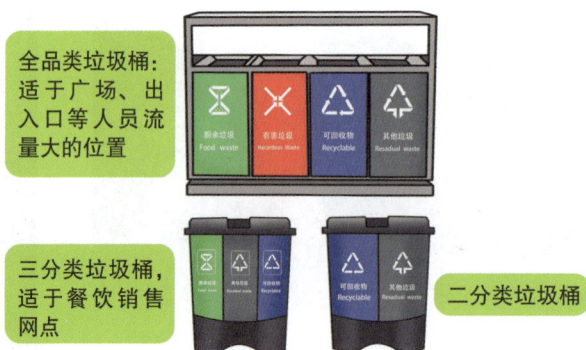

全品类垃圾桶：适于广场、出入口等人员流量大的位置

三分类垃圾桶，适于餐饮销售网点

二分类垃圾桶

● 不同垃圾桶组合及适用范围

在投放环节，根据不同空间废弃物产生的特点进行差异化设置，实现了局部垃圾桶品类的精准覆盖。

在收集环节，集中暂存，定时对分类垃圾桶内的废弃物进行检查。

由于每一类废弃物的成分、特点都不同，采取的处理工艺也是不同的。因此，在废弃物的运输与处理上也不尽相同。

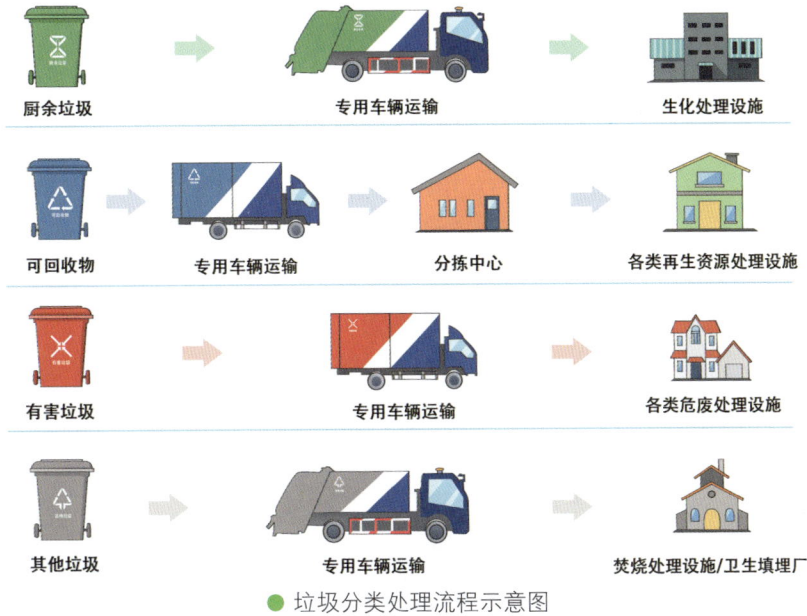

厨余垃圾　　　　　　　　　专用车辆运输　　　　　　　　生化处理设施

可回收物　　　　专用车辆运输　　　　分拣中心　　　各类再生资源处理设施

有害垃圾　　　　　　　　　专用车辆运输　　　　　　　各类危废处理设施

其他垃圾　　　　　　　　　专用车辆运输　　　　焚烧处理设施/卫生填埋厂

● 垃圾分类处理流程示意图

北京市和张家口市的垃圾处理

北京冬奥会申办成功以来，北京市生活垃圾处理设施设计处理能力从之前的每日 2.73 万立方米，增长至 2019 年的每日 3.23 万立方米。处理工艺的结构关系也得到了明显优化。2015 年垃圾焚烧、填埋和生化处理的比例为 4：4：2，2019 年垃圾焚烧、填埋和生化处理的比例变化为 5：3：2。从中可以看出，北京市生活垃圾处理主要转向以焚烧处理为主，正向着原生垃圾"零填埋"目标奋进。

河北省张家口市近年也加快了垃圾处理设施建设，直接保障北京冬奥会废弃物处理的望山循环产业园区于 2019 年动工建设，2021 年建成了一套垃圾焚烧发电设施、一套餐厨垃圾处理设施、一套粪便垃圾处理设施和一套医疗废弃物处理设施。

二 百分百绿色：低碳的能源

北京冬奥会积极推动低碳能源技术示范项目。在机制建设方面，北京冬奥会所有场馆 100% 使用绿色电力。依托北京电力交易中心的交易平台，特定风电、光伏发电企业上网电力被打包形成交易标的上市交易，场馆选择绿电标的进行购买，实现了场馆定向从绿色发电企业购电的交易机制，推动绿色电力市场化的进程。同时，通过把大自然赐予的光和风转化为源源不断的冬奥会绿色能源，让"张家口的风点亮冬奥的灯"。

北京电力交易中心

根据党中央、国务院印发的《关于进一步深化电力体制改革的若干意见》所做出的总体部署，2016年3月1日，北京电力交易中心挂牌成立。北京电力交易中心主要负责跨区、跨省电力市场的建设和运营，负责落实国家计划、地方政府间协议，开展市场化跨区跨省交易，促进清洁能源大范围消纳，逐步推进全国范围内的市场融合，未来开展电力金融交易；电网企业、发电企业、电力用户、售电企业等市场主体通过市场管理委员会，参与研究讨论交易和运营规则，并监督交易机构对规则的执行情况。

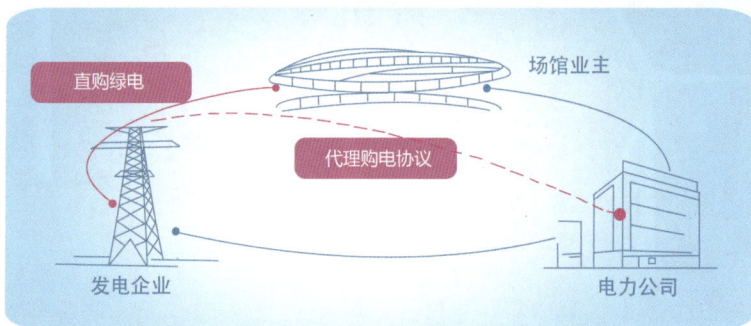

● 绿电交易机制

在技术进步方面，北京冬奥会加快了世界首个 ±500 千伏四端环形结构的柔性直流电网——张北可再生能源柔性直流电网示范工程的建设。

什么是电网的"柔性"？以风电为例，风力大的时候，电力供应充足；风力小的时候，电力供应稍弱。而且需求端也有用电高峰期和低谷期。如何实现供需动态平衡呢？柔性直流输电，就相当于在电力系统中接入了一个可以控制的"泵"，来实现电力的平稳运行，"柔性"就意味着实现了可控、可调节。通过柔性直流输电技术，把原本不可控、不能组网的直流线路连接起来，组成了一张直流电网，分别连接张家口的风电场、光伏电场和抽水蓄能电站。

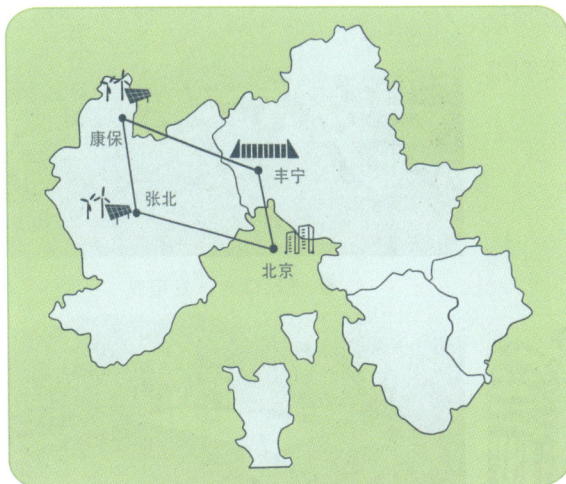

● ±500 千伏四端环形结构示意图

这样一来，不仅可以把时断时续、不稳定的风电、光伏等清洁能源转换成稳定的电能，还能进行清洁能源的储存、调配。

该工程于 2020 年 6 月 29 日正式投入运行，张家口地区丰富的风能、太阳能等清洁能源，被安全高效地输送至北京市。根据测算，这个柔性直流电网，一年可输送约 141 亿千瓦时的清洁能源，全面满足北京及张家口地区冬奥会场馆的年用电量需求，相当于每年节约标准煤 780 万吨，减排二氧化碳 1280 万吨。

张北柔性直流电网工程在北京冬奥会推广应用，大幅度提升了北京地区清洁能源消费比重，清洁能源约占目前北京市全年社会用电量的十分之一。

张北柔性直流电网工程采用我国原创、领先世界的柔性直流电网新技术，创造了"第一个真正具有网络特性的直流电网""第一个实现风、光

张北柔性直流电网工程创 **12项** 世界第一

张北柔性直流电网试验示范工程，是世界上首个输送大规模风电、光伏、抽水蓄能等多种能源的四端柔性直流电网。

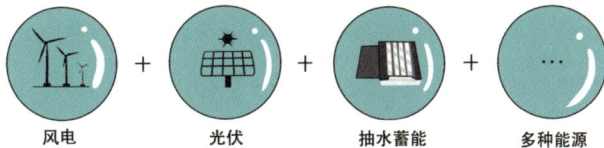

风电　＋　光伏　＋　抽水蓄能　＋　多种能源

该工程每年可向北京地区输送约141亿千瓦时的清洁能源

相当于

节约标准煤780万吨　　减排二氧化碳1280万吨

● 张北柔性直流电网工程创 12 项世界第一

119

和储能多能互补的直流电网"等 12 项世界第一，为破解新能源大规模开发利用提供了解决思路。

● 张家口光伏发电站

● 张北柔性直流电网变电站

风　能

　　风能是空气流动所产生的动能，本质上是太阳能的另一种转化形式。由于太阳辐射造成地球表面各部分受热不均匀，引起大气层中压力分布不平衡，在水平气压梯度的作用下，空气沿水平方向运动形成风。人类利用风能的主要方式是以风能发电，使风带动发电机桨叶旋转，继而带动线圈、切割磁力线，产生电能。

　　风能的优势是储量大、分布广、无污染，但劣势是能量密度低（风力发电场需要很大的面积）、能量输出不稳定。能量输出不稳定也是很多清洁能源的"通病"。

三 全方位布局：低碳的交通

北京冬奥组委建立了以绿色、低碳、循环三大理念为基础，全措施、全环节、全阶段的赛时绿色交通体系。

1. 构建低碳交通运输服务体系

为降低碳排放量，北京冬奥会倡导"135"绿色低碳出行方式。即1千米以内步行，3千米以内骑自行车，5千米左右乘坐公共交通工具。

为实现"135"绿色低碳出行方式，北京建设了一张"冬奥绿色低碳公共交通网"。观众在北京冬奥会期间完全可通过地铁、高铁、公交车等公共交通便捷抵达赛场，绿色出行的同时还能缓解交通压力。

在这张交通网中，京张高铁、京礼高速两条主干线路将北京赛区、延庆赛区、张家口赛区相连，打造出"两地三赛区1小时交通圈"；北京赛区所有场馆实现地铁覆盖。

北京赛区奥林匹克公园场馆区域有地铁8号线、15号线到达，首都体育馆周边有地铁4号线、9号线和16号线到达，五棵松体育中心有地铁1号线到达，首钢滑雪大跳台有地铁6号线、11号线、S1线到达；延庆赛区京张高铁延庆支线建成后，观众从北京北站至延庆站的车程不到40分钟，从延庆站乘摆渡车30分钟内即可直达延庆赛区各赛场。延庆赛区11条缆车索道为运动员、观众提供高山交通网络，从延庆冬奥村抵达海拔2198米的国家高山滑雪中心仅需30分钟。

● 京张高铁延庆站

2. 使用智能化交通系统

提升交通精细化管理水平，实现冬奥交通与城市交通信息的互联互通。利用动态交通信息发布技术为观众提供交通信息服务，提升赛时交通服务智能化管理水平，提高车辆运营效率，包括智能化的公共交通。此外，推广无人驾驶汽车也是推广智能化交通系统的重要手段。

无人驾驶汽车是未来汽车工业发展的方向。从技术前景看，车载无人驾驶系统信息处理能力更强，决策速度更快，在应对复杂、拥堵路况时，更容易找到最优策略，使得车辆的燃油经济性大幅度提高。

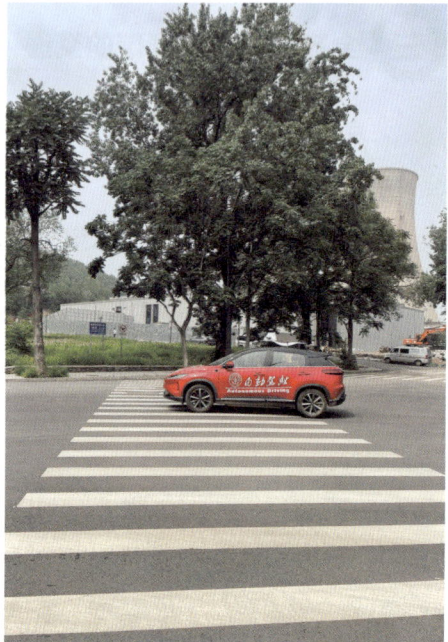

● 无人驾驶汽车在北京进行测试

中国在自动驾驶方面已经走在了世界前列。2020年10月12日，北京开始无人驾驶出租车免费试乘，一时间吸引了大批乘客前往体验。虽然现在的无人驾驶汽车技术还有很多局限性，在有人驾驶汽车占主导的路况中，无人车的环境保护、资源节约等优势一时难以发挥。但随着人工智能和大数据等关键技术的不断进步，未来无人驾驶汽车技术将会迅速发展。

3. 推广清洁能源

冬奥赛区依托城市可再生能源供应，使用清洁能源车辆，并同步做好周边充电桩、加氢站等配套设施的规划建设，推动赛时交通服务基本实现清洁能源供应。

具体来讲，赛区赛时推广的车辆包括氢燃料电池汽车和纯电动汽车。两类汽车电池类型不同，但均具有能源转化率高、温室气体零排放的特点。由于纯电动汽车已经在生活中得到广泛的应用，下面主要介绍氢能源汽车。

氢能源汽车又称氢燃料电池汽车，技术原理为氢气与氧气在催化剂的作用下，通过电化学反应，释放出电能。在氢气释放出电子的过程中，氢原子与氧原子通过电解质结合生成水，形成了"燃烧"的效果。氢燃料电池技术在汽车领域的应用有以下几个优势：

● 位于五棵松体育中心地下停车场的
集中式电动汽车充电站

一是因为氢燃料电池的产物是水，因此氢能源是洁净环保的能源；二是由于采用燃料电池技术，输出功率高，能源转化效率是内燃机的 2—3 倍；三是氢燃料电池是一种"安静"的技术，乘客的乘坐体验也更好。

● 氢能源车辆

2020 年 9 月，北京大兴国际氢能示范区揭牌，吸引了一批具有丰富氢能产业资源的科研机构、龙头企业入驻发展。截至 2021 年 6 月，张家口全市氢燃料电池公交车数量达到 304 辆，位居全国前列。京张两地已建成多家加氢站，属于氢能源应用较为活跃的地区。京张两地氢能源产业发展方兴未艾。

需要关注的是，张家口的氢能源比其他地方的更加"绿色"。目前，全世界 90% 以上的氢能源都需要通过化石能源的裂解或其他化学反应实现。这种应用模式相较于直接燃烧化石燃料，具有一定的环保价值，但依然存在碳排放问题。张家口则通过电解水的方式，低成本生产氢气，使张家口的氢能源价格较东南沿海地区更有竞争力。同时，电解水的方式不产生二氧化碳和其他污染物，采用清洁电后更具有低排放优势，随着技术发展有望成为具有市场竞争力的绿色能源。张家口因此吸引了全国的氢能源研发科研人员和企业，培育了越来越成熟的氢能源车应用市场。

四 先进性理念：低碳的办公

北京冬奥组委综合利用废旧厂房改造的办公楼，充分利用光伏发电、太阳能照明等绿色能源技术，打造绿色高标准的冬奥组委办公区。

1. 可再生能源利用

办公区充分利用光热技术，采用太阳能热水器替代现有餐厅及办公楼大部分的燃气热水器。

2. 信息平台利用

充分利用信息系统进行日常办公及信息传递，倡导召开视频会议，减少交通出行产生的碳排放量。

● 北京冬奥组委首钢办公区

3. 减少资源消耗

积极践行办公双面用纸，减少纸张、墨盒、硒鼓等办公用品消耗，推行节约用电、节约用水等措施。鼓励北京冬奥组委工作人员采用公共交通和共享出行模式，推行"一周少开一天车"活动。

4. 推广塑料制品禁限规定

尽可能减少塑料的使用，严格限制塑料制品的使用。在餐饮环节，不再使用一次性塑料餐具，转而使用秸秆发酵后乳化聚合而成的聚乳酸餐具；在办公环节，不主动提供瓶装饮用水，使用可再生塑料制作的文具。

奥运赛时的"限塑"措施

除了前文介绍的冬奥组委办公区的限塑措施，北京冬奥组委还采取了以下措施：一是奥运村、宾馆禁止主动提供"塑料六小件"（一次性牙刷、牙膏、洗发水、浴液等），洗涤用品采用大包装提供；二是在邮政快递与赛事组织的打包服务中，减少塑料胶带的使用，推广"瘦身胶带"（宽度小于45毫米）；三是在欢庆用品、引导标识等领域，尽可能地减少塑料制品的使用。

五 社会化行动：碳中和

碳中和，是指一段时间内，人为排放的二氧化碳与人为补偿的二氧化碳的量相等，达到平衡。北京冬奥会碳补偿方式主要来自3个方面：一是植树造林，二是涉奥企业赞助国家核证自愿减排量（CCER 或 CER），三是公众参与的碳普惠行为。

1. 植树造林

植树造林是当前主要采取的一种碳补偿方法。北京冬奥会申办成功后，京张两地加强生态建设及管护，增加森林面积和蓄积量，在山区、平原和城市，分别实施平原造林、京冀水源林建设、城市绿地建设等绿化造林工程，产生林业的碳汇用于补偿北京冬奥会的碳排放。此外，北京市在约2.53万公顷（38万亩）平原造林的基础上，还加强管护，以期实现"管护增汇"。

2. 涉奥企业自主减排

倡导涉奥企业建立自主低碳行动方案，采取低碳生产、低碳办公、低碳出行等低碳节能措施。鼓励涉奥企业向北京冬奥组委赞助国家核证自愿减排量，以中和北京冬奥会部分温室气体排放量。

125

3. 公众参与碳普惠

北京冬奥组委通过面向公众推广碳普惠制等措施，推动全社会践行低碳行动，营造可持续的生产和生活方式。

鼓励观众采取低碳出行、使用电子门票、使用物料循环等多种低碳观赛行为。在全社会积极倡导低碳生活方式，推广碳普惠制，搭建面向公众的自愿减排交易平台，鼓励企业、社会组织和个人的低碳环保行为。

● 发布《低碳冬奥倡议书》

"低碳冬奥"小程序

2020年7月2日，在中国的第八个全国低碳日，北京冬奥组委正式上线"低碳冬奥"微信小程序，旨在通过碳普惠方式，吸引社会公众积极参与低碳行动，为低碳冬奥贡献力量。"低碳冬奥"小程序利用数字化的技术手段和科学的计算方法，全面记录用户在日常生活中的低碳行为轨迹。用户在践行绿色出行、垃圾分类、光盘行动等低碳行动的同时，可通过截图上传信息、授权获取微信步数、自主打卡确认、冬奥知识答题、低碳行为拍照记录等方式获得碳积分和"低碳达人"等荣誉勋章，并用碳积分来兑换相应的奖励。这种将碳积分量化的方式，有助于鼓励和引导社会公众践行绿色低碳生活方式，培育社会公众的低碳责任感与荣誉感，起到良好的社会示范效应。

● "低碳冬奥"
小程序二维码

低碳倡议

1. 低碳出行

· 市内出行优先选择公共交通，尽量不驾乘燃油汽车。短途出行尽量选择步行或骑自行车。

· 交通优先选择高铁出行，尽量不租用汽车。

2. 节约能源与资源

· 尽量使用电子通信（如电子邮件），少使用纸质印刷品，减少对纸张的需求，如必须使用，应尽量双面印刷。

· 用餐做到餐餐光盘不浪费，食用肉类产品的数量最小化，且尽可能选择素食餐饮。

· 自备水杯代替一次性杯子或塑料水瓶。

· 冬季室内空调温度不高于 20 摄氏度。

· 不使用电脑时，记得关闭电源或开启"睡眠"模式。

· 住酒店时尽量减少卧具、毛巾等用品的更换和洗涤，不向酒店索要"塑料六小件"。

· 睡觉前关闭所有光源和电源，手机和电脑充电后及时拔掉插头。

3. 回收再利用

· 扔垃圾时，请严格按照《生活垃圾管理条例》，将生活垃圾分为厨余垃圾、可回收物、有害垃圾、其他垃圾进行投放。

想一想：

氢燃料电池的应用

1. 最早应用氢燃料电池的是潜艇，因为这是一种非常"安静"的技术，在水下航行时噪声较小。请你思考一下为什么氢燃料电池会这么安静？

2. "作为一项潜艇动力技术，氢燃料电池能让潜艇更'隐蔽'"，请谈谈你对这句话的理解。

3. 氢燃料电池有哪些缺陷？将来在社会广泛运用时需要注意什么？

第三节 普及与推广：

日常生活中的低碳措施

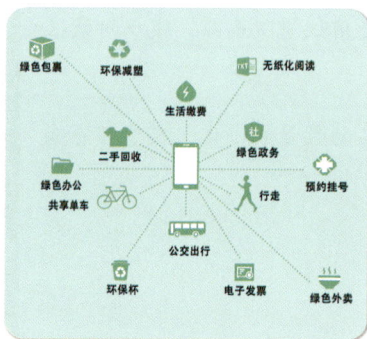

● 互联网低碳生活方式

近年来，随着可持续发展理念深入人心，低碳的生活方式逐渐在大众中普及。但哪些行为属于低碳的生活方式？

在"低碳冬奥"小程序中，步行、骑行、公交出行、地铁出行、新能源汽车出行、光盘行动、有机轻食、使用随行杯、自备购物袋、垃圾分类、低碳住店、购买绿色家电都是低碳生活的具体行动。

生活中的低碳措施种类很多，我们该如何判断一项措施是否低碳呢？大致可以按照下面的思路来判断。一是判断这项措施是否耗费化石燃料。大多数情况下，不耗费化石燃料的行为，比耗费化石燃料的行为要低碳，比如步行、骑行、新能源汽车出行等方式，就比燃油车出行要更低碳。二是判断这项措施是否具有"共享"性质。一般情况下，"共享"的消费方式可以减少单体的能源消耗量，从而达到低碳的目的，公交出行、地铁出行就属于此类。三是判断这项措施是否可以减少物料消耗。其中包括两种情况：一种是直接减少纸等木质物料的消耗，比如使用电子发票、施行无纸化办公；另一种是减少高级产品的消耗，如有机轻食。四是判断这项措施是否会减少污染，如减少使用一次性塑料袋等。

低碳生活并不是一个绝对的概念，判断一项措施是否低碳，可能会根据环境、条件的不同而发生改变。首先，低碳是一个相对的概念，乘坐公交比开私家车更加低碳，但是跟步行比较，就不一定更低碳了。其次，低碳是一个全生命周期的概念。

比如一次性塑料袋，使用起来很方便，但处理很费事。而且，低碳是一个整体的概念，虽然有些低碳行为能产生的效果有限，但如果全社会形成了低碳风尚，仍然会对应对气候变化产生积极作用。

想一想：

算算你的碳排放

利用下列碳排放计算方法，模拟计算你去观看冬奥会产生的碳排放。请你根据自己家乡的地点做一个设想：2022年1月底，你获得了一张北京冬奥会钢架雪车比赛的门票，要来北京观赛。请问你在这一过程中会产生多少碳排放？具体内容应包括：

1. 行程（乘坐何种交通工具、起始地点、住宿天数）安排。

2. 饮食习惯、食量大小、爱不爱喝饮料。

3. 计算你的碳排放总量。

4. 如何设计行程可以使碳排放量最小？

碳排放计算方法

1. 交通

航空（<550km）：（ ）km × 排放因子 0.17kgCO$_2$/pass·km=（ ）kgCO$_2$

航空（550km—5500km）：（ ）km × 排放因子 0.09kgCO$_2$/pass·km=（ ）kgCO$_2$

航空（>5500km）：（ ）km × 排放因子 0.04kgCO$_2$/pass·km=（ ）kgCO$_2$

私家车：（ ）km × 排放因子 0.20kgCO$_2$/pass·km=（ ）kgCO$_2$

大巴车：（ ）km × 排放因子 0.069kgCO$_2$/pass·km=（ ）kgCO$_2$

轨道交通：（ ）km × 排放因子 0.042kgCO$_2$/pass·km=（ ）kgCO$_2$

2. 餐饮

食物：（ ）人次 × 排放因子 0.535 kgCO$_2$/人次 =（ ）kgCO$_2$

饮料：（ ）人次 × 排放因子 0.061 kgCO$_2$/人次 =（ ）kgCO$_2$

3. 服装

夏装：（ ）件 × 排放因子 10.75kgCO$_2$/件 =（ ）kgCO$_2$

冬装：（ ）件 × 排放因子 13.42kgCO$_2$/件 =（ ）kgCO$_2$

4. 住宿

宾馆：（ ）人·天 × 排放因子 23.01kgCO$_2$/人·天 =（ ）kgCO$_2$

第六章　转型升级：
首钢园区的华丽变身

体育对可持续发展的推动作用，不仅在气候变化、生态保护等环境领域的议题中有所体现，也会影响城市和社区、消费和生产等社会发展领域。

随着北京推进产业升级，传统工业逐渐退出北京的产业结构。在这一进程中，如何使老工业区焕发新生，融入现代化的城市，成为历史留给城市可持续发展的一个重要命题。中国首钢集团（以下简称"首钢"）与北京冬奥会的相遇，为其转型发展提供了极佳机遇，闯出了一条新路，成为城市更新和冬奥会带动区域经济发展的范例。

本章导读

你听说过首钢吗？为了 2008 年北京奥运会，首钢搬离北京，那留下的老厂区怎么办呢？首钢园区的转型升级是奥林匹克运动推动区域新发展的重要实例，在多个环节体现了可持续性理念。其中，哪些环节令人印象深刻？首钢的未来是什么样的？请你带着这些问题阅读本章内容。

第一节　历史机遇：

首钢的"前世今生"

在老一辈人的记忆中，首钢炙热的高炉和滚滚浓烟象征着新中国工业发展的辉煌。首钢始建于 1919 年，是中国十大钢铁公司之一。拥有百年历史的首钢，是我国冶金工业的缩影、改革开放的一面旗帜，为新中国的钢铁工业发展和首都现代化建设做出了卓越的贡献，见证了中国工业

● 1919 年 9 月，石景山炼厂开始建设日生产能力 250 吨的炼铁炉（首钢建设投资有限公司供图）

从起步、发展到壮大的历程，也见证了古都北京的百年变迁。如今，这里已改头换面，从"污染大户"变为可持续发展的"急先锋"。这种变化并非一蹴而就，而是经历了漫长的过程。

首钢地理位置优越，位于长安街西延长线的西端，地处北京西部生态带地区，背靠西山山脉，紧邻有"北京母亲河"之称的永定河。2005 年，为推动首都发展转型和环境保护，支持 2008 年北京夏季奥运会的申办，首钢以壮士断腕的决心做出主厂区搬迁的决定：把钢铁冶炼生产迁出北京，在河北省唐山市曹妃甸区，新建具有 21 世纪国际先进水平的大型钢铁企业。2010 年年底，伴随着一号高炉的熄灭，首钢北京石景山钢铁主流程全面停产，一个时代的记忆画上了句号，首钢开启了转型发展之路。

● 2010 年 12 月 19 日，首钢北京厂区 1 号高炉
最后一次出铁水（首钢建设投资有限公司供图）

● 首钢京唐公司——海上钢城

　　随着工业生产退出城市中心区，很多工业区都面临重新建设与开发。一些工业区得到了比较好的机会，原有的厂房被拆除，一栋栋现代化的写字楼在旧址上拔地而起。比如，北京商务中心区（简称"北京CBD"）就是在北京人民机械厂、光华染织厂、京棉二厂等老国企的厂区重建后诞生的。

另一些工业区则没有那么幸运，由于重新开发价值不高、有历史遗留问题等原因，至今仍荒芜在城市的边缘。

显然，首钢园区是幸运的那部分。

经过几十年的建设和生产，首钢园区内分布着一些原有的工业建筑和非工业建筑。工业建筑以单层大尺度厂房为主，非工业建筑年代分布广泛，风格多样。仿古建筑与现代主义工业建筑并存，具有一定的文物价值。如何能以更少的成本，让这些建筑发挥新的作用，是摆在首钢人面前的一道难题。2015 年，北京携手张家口获得 2022 年冬奥会的举办权，首钢园区的机会出现了。

2016 年 5 月 13 日，北京冬奥组委首批工作人员正式入驻北京首钢园区内的西十筒仓区域，这里成了北京冬奥会筹办的中枢。北京冬奥组委的到来，让首钢园区的面貌焕然一新。原先用来炼铁和储料的建筑物，变身为现代化的办公场所，所有建筑在保留原有工业遗存风貌的基础上，进行了内部功能改造与空间更新。新与旧的完美混搭、工业与现代的相互映衬，让老首钢拥有了别具一格的美感。沉寂多年的"钢铁之城"逐步复苏。

● 首钢园北京冬奥组委办公区

第二节 焕发生机：

首钢园区改造

首钢园区的改造建设，坚持优先利用工业遗存，以传承文化、延续历史记忆、营造首都特色风貌为原则，采用"织补""链接"和"缝合"的设计手法，不搞大拆大建，通过改造赋予工业遗存新的生命力。

从功能性考虑，工业建筑改造需要更新和改造原有的维护结构，使其内部拥有良好的采光、通风等物理环境。从安全性考虑，需要对原结构进行清理、修缮和加固，同时让新的结构体系与原有的结构体系相脱离，尽可能减少对原有结构的依赖与破坏。在此基础上，还要考虑工业记忆的保留和展示，既要尽量保留原工业建筑的尺度和外部形态、机器设备，同时还要保留生产工艺流程等作为文化载体的功能。

一 身份变更：从料场到冬奥组委办公区

西十冬奥广场所在区域原为西十料场，是民国时期龙烟铁矿公司从龙关和烟囱山运输铁矿石的卸料场，该段铁路在当时火车运输系统中编组为西十线。

西十料场区域内包含筒仓、料仓、转运站、联合泵站、空压机站、返矿仓等工业设施，在首钢未停产时，用于高炉炼铁的物料存储，改造后为北京冬奥组委办公区。

其中，筒仓及料仓是首钢钢铁生产环节的第一站，主要用于存储炼铁原料，如

● 改造前的西十筒仓
（首钢建设投资有限公司供图）

● 改造后的西十筒仓，
现为北京冬奥组委办公区

铁矿、球团、焦炭等，改造后作为区域办公及健身配套使用；转运站原使用功能为物料筛分及通廊支撑，向高炉源源不断地输送矿料用于炼铁，改造后作为办公及会议区；联合泵站在生产时主要为高炉提供冷却水，服务于炼铁工艺，改造后成为区域的新闻中心、展示中心及办公配套设施；空压机站及返矿仓在生产时主要用于空气加压，将物料吹入高炉，为高炉炼铁服务，改造后成为区域配套住宿和餐饮设施。

● 改造前的料仓
（首钢建设投资有限公司供图）

● 改造后的料仓

二 时代记忆：从炼铁高炉到首发文化中心

3 号高炉高 107 米，是首钢第一座炉容达 2500 立方米的现代化大型高炉。这个巍峨挺立的"钢铁巨人"曾是首钢最典型的一条生产线。3 号高炉改造后，成为多功能秀场和全球首发中心，将其记载的首钢历史和老首钢人的记忆，展示给前来参观的游人。

● 改造前的3号高炉
（首钢建设投资有限公司供图）

● 改造后的3号高炉

三 精彩跨界：从精煤车间到冰雪场馆

精煤车间原为储煤厂房，长约300米，宽60米。其改造保留原有的超大尺度通长空间和特色鲜明的厂房结构柱，通过化整为零的手法将巨大的厂房分成速滑、花滑及冰壶3个场馆空间，实现了工业特色保留和冰雪运动功能的完美结合。

精煤车间在建筑设计上保留原有的工业风，原厂房排架得以完整保留。外立面采用的是由首钢建筑垃圾转换而成的混凝土挂板。厂房内的柱子、天车梁和剪刀撑等工业遗存，在支撑结构的同时，还起到室内装饰作用，呈现出前所未有的"工业特色冰雪场馆"风貌。

● 改造前的精煤车间外观
（首钢建设投资有限公司供图）

● 改造后的精煤车间成为花滑馆
（新华社供图）

四 休闲设施：从工业管廊到空中步道

首钢空中步道在曾经为高炉输送煤气、氧气和水的管道廊基础上，利用现存工业遗产构件，设置了不同高度的景观平台。管道廊被安装上厚重的框架和楼梯，在管道上、下方各设置一层廊道，高层是完整的滨水步行廊道，低层设置了亲水平台、水上舞台等公共休闲空间。

● 首钢空中步道效果图

首钢空中步道主体为线性高架景观步道，全长约 3.5 千米。首钢高线公园充分结合首钢园区工业、山水、都市文化的资源优势，将东方廊桥与西方空中廊道特性巧妙融合，具有交通性、文化性、景观性、功能性、地标性的特点。公园作为空中立体线性廊道，将首钢北区整体串联起来。纵贯南北的工业遗产公园段，充分利用现有管廊与传送带改造为步行廊道；群明湖景观休闲段，则通过改造群明湖北侧现有廊架，打造多层观湖的景观。

五 脱胎换骨：废弃材料再加工

首钢园区在改造过程中产生的废旧材料及构件，通过再加工，实现了脱胎换骨，重新回到了首钢园区。例如，用建筑垃圾加工制得再生骨料，生产出生态砌块砖，用于改造区域景观硬质铺装；对废弃建筑材料和设备设施进行艺术再加工，使其成为环境设施、雕塑小品等。这样处置废旧建筑材料及工业设备构件，既节省了新置投资，也留存下工业记忆。

● 废旧材料艺术再加工为景观作品

第三节　展望未来：

首钢园区新规划

北京冬奥会的筹办为首钢园区的发展带来了新机遇。首钢园区根据《北京城市总体规划（2016年—2035年）》的要求，逐步打造成为传统工业绿色转型升级示范区、京西高端产业创新高地、后工业文化体育创意基地，建成具有全球示范意义的新时代首都城市复兴新地标。

首钢老工业区后续将继续聚焦打造新时代首都城市复兴新地标这一总目标，充分利用区域特有的山、水、工业遗存等资源优势和长安街西延线区位优势，实现文化、产业、生态和活力复兴，统筹科技产业、宜居生活、绿色生态三大空间，传承历史，面向未来。构建蓝绿交织、疏密有度、配套完备、突出人本与文化风范的新型城市生态，提升首都核心功能承载能力。首钢园区以高水平发展建设，为北京冬奥会筹办提供优质服务保障。首钢园区的成功改造，也将成为奥林匹克运动推动城市发展和老工业区复兴的生动实践。

想一想：

首钢园区的规划

请你实地参观首钢园区北区，了解园区改造前的建筑状况，了解首钢园区北区改造的主要工作内容。假如你是规划师，你会如何规划首钢？请撰写一份调研报告，报告应包括以下内容：

1. 首钢园区改造前的状况综述。

2. 首钢园区改造的主要思路与方向。

3. 目前的改造可能会遇到哪方面的问题。

4. 对未来改造方案的建议。

第七章　携手前行：
走向可持续性未来

通过体育运动促进社会进步，是奥林匹克运动的核心任务。因此，让老百姓从冬奥会筹办中实实在在受益、提升生活幸福感和获得感，是冬奥筹办的重要考量和意义之一。

北京冬奥会的筹办促进了区域交通网络的优化、公共环境的改善、公众生活方式的改变，也顺应了人民群众对美好生活的期待。那么，北京冬奥会具体会对我们的生活产生哪些影响呢？

本章导读

北京冬奥会申办成功后，北京和张家口加快了交通网络的建设，各种无障碍设施更多、更便利了，冰雪运动越来越多地走进大众的生活中。你了解和参加了哪项冰雪运动？你觉得大众的体育意识得到提升了吗？冬奥会在促进城市发展方面的作用大吗？你觉得北京冬奥会带来的新变化还有哪些？请你带着这些问题阅读本章内容。

第一节　出行更便捷：
交通网络的优化

交通服务是成功举办一届奥运会的重要保障。北京冬奥会提供由航空、高速铁路、高速公路、地方道路等多种交通基础设施组成的、立体互补的交通服务，以保障各参与方用最短的时间到达赛场。

为保障北京冬奥会顺利举办，北京市和张家口市加快了区域交通网络的建设。"一条高铁、多条干线"将3个赛区串成一线，大幅提升了京张两地的交通运输能力。这些交通网络既服务冬奥，也造福人民，使人们的出行更加便捷，两地之间的联系日益紧密。

一　缩短用时：京张高铁

京张高铁于2016年4月29日开工建设，2019年12月30日开通运营，是一条连接北京市与河北省张家口市的城际高速铁路，也是北京冬奥会的重要交通保障设施。

为了配合北京和张家口联合申办2022年冬奥会，京张高铁的时速从原定的250千米提高到350千米。北京冬奥赛事举办期间，外国代表团抵达北京后，从市区乘坐高铁，1小时之内就可以抵达张家口的比赛场地。乘坐高铁还可以避免堵车及极端恶劣天气情况导致的延误，让参赛的代表团和观赛的观众可以准时抵达赛场。

京张高铁的开通，有效缩短了京张两地的时空距离，加速推动了张家口与北京同城化、一体化进程，使张家口全面融入首都 1 小时生活圈，为建设京张体育文化旅游带注入了新动力。我们可以看到，人们的生活也因此发生了改变。张家口、北京两地越来越多的居民开启了"双城生活"；北京市与张家口市崇礼区之间的车程从 3 小时多缩短至 48 分钟，让崇礼的滑雪场成为滑雪爱好者便捷易至的理想之地。

京张高铁是中国《中长期铁路网规划》中"八纵八横"高速铁路网北京至兰州通道的重要组成部分。该线路向西与张呼高速铁路、张大高速铁路相连，向东与北京交通枢纽连通，形成内蒙古东部、山西和河北北部地区快速进京客运通道。对增进西北地区与京津冀地区人员的交流往来，促进西北地区与京津冀地区协同发展发挥重要作用。

● 京张高铁

二　疏解压力：京礼高速

　　北京—崇礼高速公路，简称京礼高速，由兴延高速与延崇高速合并而成，是北京西北方向的第三高速通道。作为京津冀一体化路网格局的重要组成部分，京礼高速打通了北京至张家口崇礼太子城赛区的便捷通道，也为京津地区的老百姓赴崇礼滑雪度假，以及西北部地区的群众进京提供了更便利的交通条件。

　　京礼高速的建成通车对于疏解西北通道京藏高速、京新高速客货运交通压力，提高道路通行能力和行车安全都具有重要意义。

● 京礼高速

三　提升体验：城市公共交通

　　北京市、张家口市下大力气提高公共交通覆盖率，在保证群众"坐得上"的同时，积极优化换乘、接驳设施的设置，提升公交出行体验。北京市加快建设轨道交通设施，注重接驳换乘便捷性，优化公交出行软环境；张家口市通过优化、增开公交线路，新建公交场站等措施，为市民出行、奥运观赛提供良好的换乘体验。

第二节 社会更平等：

冬奥让生活更美好

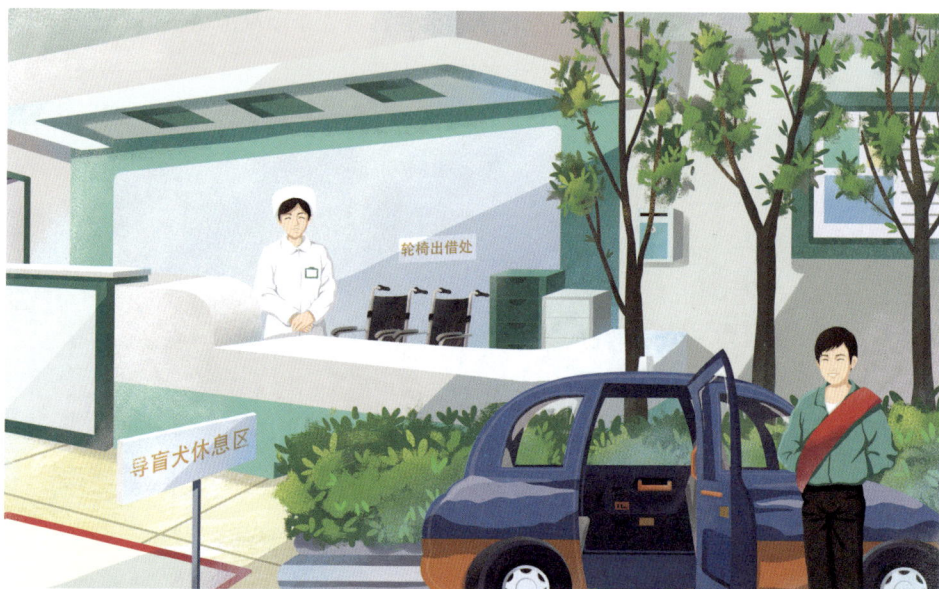

　　无障碍环境建设是为一切需要它的社会成员平等参与社会生活、实现融合发展、共享社会物质文化成果的重要条件，是社会文明进步的显著标志。无障碍环境有利于保障残疾人平等参与社会生活，同时也为老年人等其他社会成员提供生活便利。《中华人民共和国残疾人保障法》《无障碍环境建设条例》和联合国《残疾人权利公约》对无障碍环境均做了规定。

　　近年来，通过举办世园会、冬奥会等重大国际活动，北京市的无障碍环境建设水平有了很大提高，但无障碍设施被闲置、占用、损毁的情况仍时有发生，"重建设、轻管理"的现象较为突出，无障碍设施不规范、不到位、不系统的问题依然存在。

因此，国家倡导无障碍环境建设理念，鼓励公民、法人和其他组织为无障碍环境建设提供捐助和志愿服务。

大多数人对于"无障碍"的理解仅限于无障碍电梯、无障碍卫生间、盲道等，但除了常规无障碍设施外，信息无障碍和服务无障碍也尤为重要。信息无障碍是指尽力保证任何人在任何情况下都能平等、方便地获取信息、利用信息，主要涵盖出版物、电信、网站和标识系统，通过一些辅助的技术和设施来达到无障碍。据统计，中国约有 20% 的人口有此需要。服务无障碍是指在社会的各项服务中贯彻无障碍理念，提供无障碍的精细化服务来方便残疾人和老年人。比如在公共文化设施、医院等场所提供轮椅租借服务、辅助听力设施、导盲犬休息区等；文化场所安排服务残障人士的专场演出；机场和航空公司提供可以预约的、帮助乘轮椅者上飞机的服务；无障碍出租车的预约服务等。

提供无障碍的赛时环境是北京 2022 年冬奥会和冬残奥会申办承诺和筹办工作的重要组成部分，是北京冬奥组委和主办城市的共同职责。《主办城市合同》明确要求，"奥运会和残奥会应当为所有人提供无障碍的包容性环境"。比较完备、高水平的无障碍环境是举办一届精彩、非凡、卓越的冬奥会和冬残奥会的基础性条件，也是宝贵的奥运遗产，是社会文明的重要标志。为残障人士提供安全、具有包容性的环境，能够让残障人士保有尊严，让奥运会变得更加"温暖"，体现东道主的人文关怀。

北京冬奥组委编制了《北京 2022 年冬奥会和冬残奥会无障碍指南》，包括总则、无障碍通行、无障碍辅助设施、酒店和住宿无障碍、信息无障碍、竞赛及训练场地无障碍设计、城市基础设施无障碍、无障碍交通、社会环境与服务无障碍、无障碍培训、赛事运行无障碍等内容，既提出了具体要求，也提供了丰富的图例和参数。

根据《北京 2022 年冬奥会和冬残奥会无障碍指南》确定的技术标准，北京冬奥组委与有关属地政府共同确保做好冬奥会和冬残奥会场馆建设、赛事服务的无障碍工作，同时带动提升北京市、张家口市乃至全国的无障碍环境建设水平，切实履行申办承诺，为社会留下了丰厚的无障碍可持续遗产。

北京市的无障碍建设一直走在全国的前列，2008 年北京奥运会前后更是取得长足发展。以筹办北京冬奥会为契机，北京市开展了全市范围内的无障碍环境专项提升行动，以城市道路、公共交通、公共服务场所、信息交流等 4 个方面为重点整治领域，以盲道、人行道、地面公交、商场超市餐厅、公园景区绿地广场、居住社区等 17 项为重点整治任务。提升无障碍设施系统化水平，加大无障碍服务力度，让城市道路更加顺畅，交通出行更加友好，公共服务更加便利，信息交流和服务更加贴心，居住环境更加舒心。

张家口市按照《北京 2022 年冬奥会和冬残奥会无障碍指南》要求，结合创建全国文明城市，以交通枢纽、城市干道、公共场所为重点，大力推进无障碍标准化建设。张家口市通过广播、电视、网络、报刊等新闻媒体对国家、省、市关于无障碍建设的政策规定进行宣传，引导全社会积极参与，努力营造良好的社会舆论氛围。张家口市残联以"助力冬残奥会，共享健康生活"为主题进社区开展冬残奥会知识宣传，让群众了解冬残奥会及比赛项目。

● 北京市盲文公交站牌
  与无障碍街道地图

第三节 民众更热爱：冰雪运动的普及

中国有着悠久的冰雪运动历史与传统，随着北京冬奥会的举办，群众对冰雪运动的兴趣不断提高，对冰雪产品和服务的需求也不断增大，冰雪运动产业链不断延伸，开展冰雪运动区域不断扩展。冰雪运动通过进校园、进公园、进商业园、进社区等活动，深入实施冰雪运动"南展西扩东进"战略，推动冰雪运动向四季拓展，实现"带动 3 亿人参与冰雪运动"的目标。

一 办文化活动：走进群众生活

　　在北京冬奥会筹办期间的重要时间节点，各地都适时举办了跟冬奥会相关的纪念活动，营造起冬奥会浓厚的文化氛围，开展了丰富多彩的群众性冬季文化活动。比如，北京市举办的"快乐市民"欢乐冰雪季、冬奥会主题冰雪庙会、北京冰雪文化旅游节、北京市新年倒计时活动、北京奥运城市体育文化节、"相约 2022"冰雪文化节，河北省"健康河北·欢乐冰雪"冰雪季系列活动，张家口市举办的"大好河山·激情张家口"冰雪季、年俗国际旅游节等系列活动，形成冬奥城市文化活动新亮点。北京冬奥会结束后，被培养起的奥运文化精神和冰雪运动热情，也将融入全民生活。

● 冬奥会主题冰雪庙会

● 第四届北京冰雪文化旅游节开幕式

● "相约 2022"冰雪文化节

北京 2022 年冬奥会和冬残奥会结束后，北京城区、延庆区和张家口崇礼区为冬奥会和冬残奥会所兴建、改建的比赛场馆以及配套设施全面开放，服务全民，在全民冰雪健身活动中继续发挥作用，为全国各地开展全民冰雪健身运动起到引领和示范作用。

● 首都志愿者在奥林匹克塔组字 "2022"
纪念北京申冬奥成功一周年

153

"全民健身、唱响冬奥"主题音乐征集活动

二 从娃娃抓起：普及可持续性教育

在北京冬奥组委统筹下，建立了教育部、北京冬奥组委、国家体育总局、各级地方政府等多方共同参与的"北京2022"奥林匹克教育工作协调小组，形成了全国中小学奥林匹克教育专家委员会和全国校园冰雪运动专家委员会，为科学全面地推进奥林匹克教育工作奠定了坚实基础。

截至 2020 年年底，在全国范围内遴选出奥林匹克教育示范学校 835 所，青少年校园冰雪运动特色学校 2062 所，形成了以东北、华北、西北为重点地区，辐射西南和东南各省市的奥林匹克教育和校园冰雪运动的总体布局。具体工作内容包括以下几点。

1. 持续丰富奥林匹克教育内容，推进奥林匹克知识普及

制作、推广和使用奥林匹克教育材料。一是主导形成了 3 套教育材料，包括《奥林匹克价值观教育》中文版（5 册，78.5 万字）《残奥价值观教育》中文版（2 册，36 万字）和《走进北京冬奥会》知识读本（1 册，18 万字）；二是动员社会力量参与编写和出版工作，发行了一系列知识丛书与读本，包括《奥林匹克读本》系列丛书和《奥林匹克知识课堂》等材料；三是积极提供线上奥林匹克教育材料，制作并发布 4 部冬奥教育知识动画短视频以及 15 个冬奥项目知识动画短视频。截至 2021 年 6 月 30 日，在官方平台及部分媒体上的累计点击量为 4647.5 万次，引导公众特别是青少年学习和了解冬奥知识。

● 北京冬奥会教育材料正式发布，包括《奥林匹克价值观教育》中文版《残奥价值观教育》中文版和《走进北京冬奥会》知识读本

2. 开展冰雪运动竞赛，促进冬季运动普及

截至 2020 年年底，北京冬奥组委与教育部合作，连续举办了两届"筑梦冰雪·相约冬奥"全国学校冰雪运动竞赛暨冰雪嘉年华活动。在 2020 年的竞赛中，来自全国 19 个省市的 867 名青少年运动员参加了 51 项比赛，共产生 51 枚金牌，奖牌总数 153 枚。北京冬奥组委与北京市教委合作，连续举办了 5 届北京市中小学生冬季运动会，共有 6300 人参赛。通过开展系列冬季运动竞赛，激发青少年的参与热情。

截至 2020 年年底，北京市已组建 6 支市级、126 支区级青少年冰雪运动队，冰雪项目注册后备人才达 7565 人，较 2016 年的 79 人增长了近 100 倍；张家口市已建立 19 支区县级冰雪运动队，共有注册运动员 766 人，较 2016 年的 157 人增长了近 5 倍。

● 北京市电厂路小学学生参加冰雪活动

● 北京市白家庄小学迎曦分校学生参加冰雪活动

3. 组织奥林匹克文化、教育活动，践行共享办奥理念

在北京冬奥会倒计时 1000 天之际，北京冬奥组委发布了《致中小学生的一封信》，号召学生们积极参与奥林匹克教育活动，学习掌握冰雪运动技能，踊跃参加冬奥文化活动，向世界展示新时代中国青少年的良好形象，争当冬奥"小主人"。2018 年 9 月—11 月，北京冬奥组委与教育部合作，在全国中小学生中开展"我心中的冬奥吉祥物"主题活动，吸引了全国 4.6 万所学校的 1500 万名中小学生参与。2020 年 3 月，北京冬奥组委组织开展北京冬奥会吉祥物故事征集活动，全国共有 25 个省市反馈了活动参与数据，约有 3.6 万所学校，超过 1518 万名学生参与，共征集近 467 万篇作品。截至 2020 年年底，北京冬奥组委连续举办两届"我的冬奥梦"冬奥双语小记者选拔活动，以北京为中心，落地上海、南京、成都、哈尔滨等 12 个城市，累计走进全国 1000 所中小学校，覆盖 150 万名中小学生。北京冬奥组委还与北京市教委合作，连续组织了 3 届北京市中小学生冬奥知识竞赛。在 2020 年的竞赛中，全市 826 所学校、39.28 万名中小学生通过线上答题、笔试和竞赛等形式参与了该活动。

● "我心中的冬奥吉祥物"主题活动新闻发布会

● 北京市电厂路小学学生参加北京冬奥会吉祥物发布会

● 北京市电厂路小学学生参加冬奥知识竞赛

● 北京市中小学生参加冬奥知识竞赛

4.积极鼓励有条件的社区、街道、学校设置展厅，开展奥林匹克和残奥知识普及

在学校,北京冬奥组委指导首都体育大学等学校设置了专门的奥运主题展馆（展厅）；在街道,北京冬奥组委指导北京市西城区白纸坊街道利用地下空间设置冰雪体验中心、传播奥林匹克和残奥知识,借助互动体验设施推广冬季运动项目;在社区,北京冬奥组委支持创建北京市石景山区残联残疾人"冰雪之家",帮助更多残疾人了解冬奥和冬残奥文化、体验冬季运动项目,为残疾人参与冬奥会和冬残奥会提供更多机会。

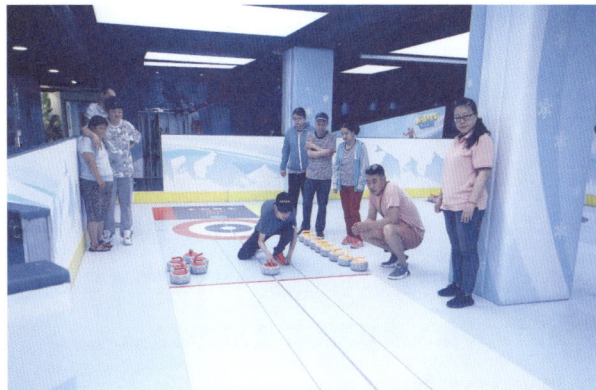

● 北京市西城区白纸坊街道利用地下空间设置冰雪体验中心

三 青少年行动：践行可持续生活方式

以迎接和参加北京冬奥会为新起点，北京和全国许多省市大、中、小学校出现了可持续发展教育的崭新局面。按照联合国2015年发布的《2030年可持续发展议程》要求，"所有进行学习的人都要掌握必要的知识和能力来促进可持续发展，具体做法包括，进行关于可持续发展、可持续生活方式的教育。"在2021年联合国教科文组织召开的第三次世界可持续发展教育大会（柏林）发布的文件中进一步强调，"可持续发展教育赋予学习者知识、技能、价值观和态度，使他（她）们能够在尊重文化多样性的同时，为环境完整性、经济生存能力和公正社会做出明智决定和采取负责任的行动。"

与此同时，中共中央国务院已经要求将生态文明教育纳入国民教育体系，将习近平生态文明思想和生态文明建设纳入学校教育教学活动安排，培养青少年生态文明行为习惯，逐步形成全社会参与生态文明建设的良好局面。

在前20多年开展生态文明与可持续发展教育的基础上，很多学校正在继续将生态文明理念融入教育全过程，加强资源环境方面的国情与世情教育，普及生态文明法律法规和科学知识；除此之外，他们还深化节水、节电、节粮教育，引导青少年厉行节约、反对浪费，树立尊重自然、顺应自然和保护自然的生态文明意识，形成可持续发展理念、知识和能力。一个生态文明与可持续发展教育的高潮正在全国兴起。

展望未来，北京冬奥会高高扬起的生态文明与可持续发展教育旗帜，正在动员和激励亿万青少年行动起来，广泛践行简约适度、绿色低碳、强体抗疫、和谐健康的可持续生活方式，引领社会绿色风尚。同时，积极开展节约资源与保护环境、应对气候变化与防治疫情、城市与乡村可持续发展问题调查并提出科技创新解决方案。可以预见，生态文明与可持续发展教育一定会加快助力教育改革与创新进程，为建设高质量教育体系做出特色鲜明的贡献。

　　我们坚信，实现联合国 2030 年 17 个可持续发展目标与 2035 年—2050 年美丽中国愿景，关乎国家福祉与地方发展的未来，关乎每一位公民的健康与生命、家庭幸福及个人事业的可持续未来，关乎每一个学校、社区、科研机构、企业、NGO 及各类利益相关者团队的切身利益与发展前景。面对后疫情时代的严峻挑战，每一个学习者都要自觉增强个人基础健康体能，提高免疫能力与抗病毒能力，养成个人良好卫生保健习惯和可持续生活方式，进而具备更加全面的生态文明与可持续发展素养。只要人人觉悟起来、行动起来、成长起来，就一定能够建成一个和谐、健康、平安、可持续的新世界。

想一想：

北京冬奥会带来哪些变化？

　　通过阅读本章的内容，你发现了北京冬奥会带来的哪些变化，这些变化引发了你哪些思考，对你的生活和选择产生了哪些影响？请你根据实际情况，填写下方的表格。

类型	北京冬奥会带来的新变化	对我产生的影响
出行		
娱乐		
运动		
无障碍设施		
……		

图片来源

照片提供： 张志翔　林秦文　蔡志洲　王学亮　李　斌　刘娜利

新华社　中新图片库　视觉中国

北京市石景山区电厂路小学　北京市白家庄小学迎曦分校

北京市西城区残疾人联合会等

绘　　画： 蔡成恩　肖　劲　张翊忱